BURT FRANKLIN: RESEARCH & SOURCE WORKS SERIES 574
Philosophy Monograph Series 39

LES IDÉES ECONOMIQUES

DE

VOLTAIRE

LES
IDÉES ÉCONOMIQUES
DE
VOLTAIRE

Roger **CHARBONNAUD**

BURT FRANKLIN
NEW YORK

Published by LENOX HILL Pub. & Dist. Co. (Burt Franklin)
235 East 44th St., New York, N.Y. 10017
Originally Published: 1907
Reprinted: 1970
Printed in the U.S.A.

S.B.N.:08337-05334
Library of Congress Card Catalog No.: 76-126403
Burt Franklin: Research and Source Works Series 574
Philosophy Monograph Series 39

BIBLIOGRAPHIE

BEUCHOT .... *Œuvres de Voltaire,* 72 vol., Paris, 1834-1840.

A. DUBOIS. .... *Précis de l'histoire des Doctrines économiques* t. Ier (*L'Epoque antérieure aux physiocrates*), Paris, 1903.

TH. DUROCQ ET E. PETIT. *Cours de Droit administratif,* t. V, *L'Etat,* Paris, 1904.

LÉONCE DE LAVERGNE .. *Les Economistes français du XVIIIe siècle,* Paris, 1870.

GUILLAUMIN .... *Collection des principaux économistes,* 16 vol., Paris, 1843-1848.

CAUWÈS............... *Cours d'Economie politique,* 4 vol., 3e édit., 1893.

ESMEIN... .... *Cours élémentaire d'histoire du Droit français,* 6e édit., 1905.

BAUDRILLART........... *Histoire du luxe privé et public,* 4 vol. Paris, 1881.

FOURNIER DE FLAIX..... *La Réforme de l'impôt en France,* Paris, 1885.

BATBIE .... *L'Homme aux quarante écus et les physiocrates,* 1865.

Id. .... *Turgot, philosophe, économiste et administrateur,* Paris, 1866.

R. STOURM........ ..... *Les Finances de l'ancien régime et de la Révolution,* 2 vol , Paris, 1885.

ALFRED ESPINAS........ *La troisième phase et la dissolution du mercantilisme* (Mandeville, Law, Mélon, Voltaire) (Extrait de la *Revue internationale de sociologie*).

BACHAUMONT .... *Mémoires secrets pour servir à l'histoire de la République des Lettres en France*, 1874, Londres, 37 vol. in-12.

F. BRUNETIÈRE .... *Études critiques sur la littérature française*, 7 vol. in-8º, Paris, 1880.

DESNOIRETERRES. ..... *Voltaire et la Société au XVIIIᵉ siècle*, Paris, 1876, 8 vol.

LES IDÉES ECONOMIQUES

DE

VOLTAIRE

INTRODUCTION

Toute la période de nervosité politique et littéraire qui comprend les règnes de Louis XV et de Louis XVI est dominée par le génie de Voltaire.

Jamais dans l'histoire d'aucune littérature, on n'a vu un homme traiter tous les sujets avec une telle compétence et exercer une influence aussi considérable sur son époque. Philosophie, histoire, roman, poésie, tragédie... toutes les branches où l'activité intellectuelle peut se développer furent abordées par lui. L'économie politique elle-même, qui n'est point en général le fait d'un romancier ou d'un poète, ne lui resta point étrangère malgré son aridité. Les questions économiques qu'il étudia sont évidemment restreintes et peu dévelop-

pées, elles sont aussi perdues dans l'immensité de son
œuvre, mais elles n'en ont pas moins une importance
que le renom de Voltaire ne pouvait qu'augmenter.
Réunir ces idées éparses, grouper ces pensées diverses, voir leur cause et leur développement, en faire un
ensemble aussi logique que possible, tel est le but de
cette étude.

Voltaire est assez connu de tout le monde pour qu'on
ait pu au début de cette étude se dispenser de donner
sa biographie. Cependant, il nous a paru indispensable de donner un court aperçu de cette vie si mouve-
mentée dans le but de fixer certaines dates et de voir
plus clairement l'enchaînement des faits et des idées.

Né à Paris, le 21 novembre 1694, François-Marie
Arouet était le cinquième enfant d'un notaire au Châtelet. Il fit ses études au collège des Jésuites, aujour-
d'hui collège Louis-le-Grand. C'est là qu'il eut pour
condisciples Cideville, d'Argenson, d'Argental, qui
seront plus tard ses meilleurs amis et ses correspon-
dants habituels. A sa sortie du collège, son parrain,
le marquis de Châteauneuf, abbé de cour, l'introdui-
sit dans la société épicurienne des Lafare, des Ven-
dôme, des Sully, des Chaulieu.....; mais son père l'en
retira bien vite, le croyant perdu dans cette société de
libres penseurs. Il fut envoyé en Hollande à la suite
du marquis de Châteauneuf qui venait d'être nommé
ambassadeur. Il n'y resta point longtemps et dut revenir à Paris après ses aventures avec Olympe Dunoyer.

De retour à Paris, Arouet fut placé chez M. Alain,
procureur du Châtelet. C'est là qu'il apprit l'intelligence des affaires et commença à connaître les hommes. En même temps, le jeune Arouet s'amuse à rimer,

il commence à railler les gens en vue de son époque.
Louis XIV meurt en 1715 ; Arouet est un des premiers
à faire courir des épigrammes sur le régent. Il est
enfermé à la Bastille, puis exilé à Châtenay. Il revint
à Paris en 1717 pour faire jouer *OEdipe*, sa première
tragédie. La pièce eut un grand succès et fut jouée qua-
rante-cinq fois. Désormais, Arouet, qui prend le pseu-
donyme de Voltaire, est connu du public, et la fortune
commence à lui sourire. Il avait vingt-trois ans.

Quelques années après, il perdait son père. Voltaire
est désormais assez fortuné pour travailler à sa guise
sans compter avec les exigences de la vie. Il travaille
à la *Henriade* et fait représenter *Marianne* et l'*Indis-
cret*.

Jusqu'ici, il n'est point question d'économie politique. Ces problèmes arides ne sont point encore abor-
dés par le poète qui préfère rimer une satire que discuter sur l'impôt. Mais une aventure qui lui arriva
vers cette époque va orienter sa vie et le conduire à
des études plus sérieuses. Un jour de l'année 1726, il
se trouvait à dîner chez le duc de Sully. Le duc de
Rohan, qui était au nombre des invités, trouva très
mauvais que Voltaire ne fut point de son avis au cours
d'une conversation : « Quel est ce jeune homme, de-
« manda-t-il, qui parle si haut ? » — « Monsieur le
« chevalier, répondit Voltaire, c'est un homme qui ne
« traîne pas un grand nom, mais qui fait honorer
« celui qu'il porte ! (1) ». Le duc de Rohan sortit
furieux. Quelques jours plus tard, il attirait Voltaire

<hr>

(1) *Vie de Voltaire*, Beuchot, t. I, p. 137.

dans un guet-apens et le faisait rouer de coups par
ses laquais. Voltaire demanda réparation au duc. Ce
dernier trouva plus simple de profiter de sa haute
situation pour faire enfermer Voltaire à la Bastille le
17 avril 1726. Il en sortit le 2 mai, mais dut s'exiler en
Angleterre. Il y trouva l'accueil le plus chaleureux et
le plus cordial ; il fut l'hôte et l'ami des écrivains et
des hommes les plus remarquables de la Grande-Bre-
tagne, de lord Bolingbrooke, du riche négociant Falkener..... Ce séjour en Angleterre sera d'une importance capitale dans la vie de Voltaire ; il sera surtout
capital pour le développement de ses idées économiques. C'est là, au contact du peuple le plus libéral et
le plus commerçant du monde, que son esprit s'habi-
tua pour la première fois aux réflexions économiques.
Aussi toutes les questions étudiées par lui se ressenti-
ront-elles plus ou moins de cette impression première.

Revenu à Paris, Voltaire ne perdra pas une occasion
de manifester son admiration pour les institutions
qu'il avait vu fonctionner en Angleterre. En attendant,
il met en pratique le sens des affaires qu'il avait acquis
là-bas : il gagne une fortune dans une loterie de la
ville de Paris, il spécule sur les blés, fait du négoce à
Cadix et s'intéresse aux fournitures de l'armée (1).
Tout en arrondissant sa fortune, Voltaire fait paraître
Brutus, l'*Histoire de Charles XII*.

Les *Lettres anglaises*, qui parurent à cette époque,
soulevèrent un tel orage que le gouvernement voulut

_____

(1) *Vie de Voltaire*, Beuchot, t. 1, p. 159.

s'assurer de la personne de l'auteur. Prévenu à temps, Voltaire partit pour Cirey, chez Mme du Châtelet. Auprès de son amie, il prend goût à des travaux plus sérieux, il aborde la philosophie, la physique, les sciences... enfin, l'économie politique. C'est là qu'il publiera le *Mondain*, en 1736, dans lequel il fait une virulente apologie du luxe ; c'est là qu'il publiera. quelques mois après, la *Défense du Mondain*, pour répondre aux détracteurs de son premier écrit ; c'est là encore qu'il commencera ses relations avec Frédéric II, qui n'était alors que prince royal. Ils discuteront tous les deux sur les questions économiques et resteront, malgré le prestige d'une couronne royale, deux amis sincères. Les années que Voltaire passa à Cirey furent les plus fécondes de sa vie ; il avait fait paraître *Alzire*, l'*Enfant prodigue*, *Mahomet*, commencé le *Siècle de Louis XIV* et écrit ses meilleurs romans : *Babouc, Zadig, Micromegas.....*

Mme du Châtelet était morte le 10 décembre 1749, et, malgré son titre d'historiographe du roi, qui lui avait été accordé depuis quelque temps, Voltaire se savait mal en cour. C'est alors qu'il accepta les offres de Frédéric qui l'appelait près de lui. Il partit donc pour Berlin. Les débuts à la cour du « Salomon du Nord » furent un enchantement. Mais bientôt la brouille commença. Voltaire se mêla aux spéculations d'un juif nommé Hirsch, et cette affaire, qui se poursuivit devant les tribunaux, eut un triste retentissement. Plusieurs autres aventures de ce genre augmentèrent le ressentiment du roi et obligèrent Voltaire à quitter Berlin le 26 mars 1753. Ce séjour à la cour de Frédéric a consacré la renommée de Voltaire ; c'est là qu'il fit paraître le *Siècle de Louis XIV,* où il fera un pompeux éloge de l'administration de Colbert.

Ne pouvant point s'installer à Paris, Voltaire achète, en février 1755, le domaine de Saint-Jean, près de Genève, qu'il surnomme « Les Délices ». C'est dans cette nouvelle résidence qu'il termina, en 1758, l'*Essai sur les mœurs*, que nous aurons l'occasion de citer bien souvent. Mais l'accord avec le Consistoire de Genève ne dura pas longtemps et Voltaire se résolut à partir. C'est alors qu'il acheta le château de Ferney, dans le pays de Gex et le comté de Tournay. Dans ce nouveau domaine, il mènera de front des occupations multiples : celles du suzerain qui prend au sérieux son rôle vis-à-vis de ses vassaux ; du manufacturier qui bâtit des usines et des logements ouvriers ; de l'agriculteur qui défriche les vallées ; du châtelain qui reçoit ses nombreux visiteurs... et malgré cela il trouve encore le temps de se jeter plus que jamais dans la lutte économique.

C'est là, voisin de la Bourgogne et du Mont-Jura, qu'il prendra la défense des serfs qui s'y trouvaient et demandera avec éloquence leur affranchissement au nom de la liberté et des principes économiques.

C'est là qu'il s'adonnera à l'agriculture et écrira ses meilleures pages sur l'*Art de Cérès et de Pomone.*

C'est là encore qu'il écrira, en 1768, son *Homme aux quarante écus*, pour railler les économistes de l'époque au sujet de l'impôt unique.

C'est là enfin qu'il se fera le défenseur acharné de Turgot devenu ministre, qu'il luttera pour la liberté du commerce des grains et écrira à ce sujet la *Diatribe à l'auteur des Ephémérides*, qu'il demandera la suppression des corvées, des corporations, maîtrises et jurandes.....

Et l'année 1778 arrive. Voltaire a 82 ans : il habite Ferney depuis vingt ans, et il y a trente ans qu'il n'a pas revu Paris. Avant de mourir, le vieillard veut revoir une fois la capitale. Il part de Ferney au mois de février 1778. L'annonce de ce départ avait été donnée, et tout le long de la route on fit à Voltaire des ovations dignes d'un souverain, On fit mieux encore à Paris... fêtes, bals, réjouissances... on fit tout en l'honneur de son retour.

La ville et la cour se pressèrent sans interruption dans les salons du philosophe, rue de Beaune. Voltaire est heureux, il lui semble qu'il rajeunit ; mais au milieu du mouvement et des tracas de la capitale sa santé déjà chancelante s'altère davantage.

La sixième représentation d'*Irène*, à laquelle il assistait, lui fut fatale par les émotions qu'il y éprouva. Une ovation indescriptible fut faite au poète qu'on avait aperçu dans sa loge ; son buste fut couronné sur la scène ; la foule en délire lui criait son enthousiasme et son admiration. Voltaire surpris et profondément troublé, ne put s'empêcher de crier : « Vous voulez « donc me faire mourir de plaisir ! (1) ».

Il rentra immédiatement, et ce vieillard de 82 ans pleura comme un enfant. Mais c'en était trop pour sa santé. Voltaire s'alita pour ne plus se relever.

Il mourut le 30 mai 1778.

Nous ne voudrions pas nous égarer dans des digres-

(1) *Vie de Voltaire*, Beuchot, t. 1, p. 288.

sions étrangères à notre étude, mais il est deux aspects du génie de Voltaire qu'il est de notre devoir de faire ressortir : nous voulons dire son universalité et son esprit critique :

« Je doute, lui écrivait Frédéric II, s'il y a un Vol-
« taire dans le monde ; j'ai fait un système pour nier
« son existence. Non, assurément, ce n'est pas un
« seul homme qui fait le travail prodigieux qu'on
« attribue à M. de Voltaire. Il y a à Cirey une acadé-
« mie composée de l'élite de l'univers. Il y a des phi-
« losophes qui traduisent Newton, il y a des poètes
« héroïques, il y a des Corneille, il y a des Catulle, il
« y a des Thucydide... et l'ouvrage de cette académie
« se publie sous le nom de Voltaire, comme l'action
« de toute une armée s'attribue au chef qui la com-
« mande » (1).

Ce qui étonne en effet et frappe le lecteur, c'est l'extrême mobilité de ce génie. Quel genre n'a-t-il pas
abordé? Un public parisien, le plus amoureux du théâtre
qu'il n'y ait peut-être jamais eu dans l'histoire d'aucune littérature, cherche un auteur favori... l'auteur
d'*OEdipe* entre en lice. On se lamente de n'avoir point
de poème épique... et voilà la *Henriade*. Les gens du
monde et les femmes de cour se plaignent que l'histoire soit difficile à lire... l'*Histoire de Charles XII*
paraît. Le siècle tourne à la physique... Voltaire
publie la *Nature du feu*. Les marquises discutent sur
l'impôt... il lance l'*Homme aux quarante écus*... (2).

---

(1) *OEuvres de Frédéric le Grand*, t. 21, p. 228.
(2) Brunetière, *Etudes critiques sur la littérature française*, t. 1,
p. 264.

C'est précisément cette mobilité dans le génie, cette diversité dans les œuvres qui fait sa supériorité. Beaucoup, sans doute, savaient que Voltaire avait été poète, historien, philosophe... peu se doutaient qu'il eut étudié les questions économiques. Il les étudia cependant, et bien que ce fut toujours d'une façon accessoire, il sut se faire une place originale dans l'histoire des doctrines économiques. Personne jusqu'alors n'avait mis à jour ce côté particulier, mais combien pittoresque, des œuvres de Voltaire et nous croyons faire œuvre utile en publiant sur ce sujet le résultat de nos recherches.

Voltaire fut non seulement un esprit universel, mais encore un critique de premier ordre guidé toujours par un bon sens d'une extraordinaire précision. Le bon sens qui est, en effet, la qualité indispensable à celui qui veut juger les autres fut porté chez lui à un degré jusqu'alors inconnu. De là, l'extraordinaire acuité de sa critique. Quelquefois, sans doute, il se montra acerbe à l'excès et certains littérateurs de son époque eurent à souffrir plus que de raison de la violence de ses attaques. mais cela n'enlève rien à ses qualités : il ne faisait qu'en abuser.

Au point de vue économique en particulier, il fit preuve d'une exactitude de jugement et d'une précision de critiques qui sont certainement son plus grand mérite. Abandonnant les raisonnements subtils des économistes du temps, il tranchait les questions les plus ardues à l'aide de son unique bon sens, et, chose remarquable, il ne se trompa presque jamais. En effet, après cent trente ans écoulés et sauf quelques minimes exceptions, les critiques adressées par Voltaire

aux idées économiques du jour sont encore celles que
nous faisons aujourd'hui. La façon de critiquer sans
doute a varié depuis ; les calculs scientifiques, les
raisonnements économiques bien établis, les compa-
raisons historiques... ont pris la place des critiques
railleuses et spirituelles de Voltaire, mais nous arrivons à la même solution. Son bon sens avait devancé
la critique moderne.

Comment Voltaire en vint-il à s'occuper d'économie
politique ?

Il nous en donne lui-même la raison : « Vers 1750,
« nous dit-il, la nation rassasiée de vers, de tragé-
« dies, de comédies, de romans, d'opéras, d'histoires
« romanesques, de réflexions morales plus roma-
« nesques encore et de disputes sur la grâce et les
« convulsions se mit à raisonner sur les blés. On
« oublia même les vignes pour ne parler que de fro-
« ment et de seigle. On écrivit des livres utiles sur
« l'agriculture ; tout le monde les lut, excepté les
« laboureurs (1)... » L'économie politique était donc à
la mode à cette époque ou tout au moins certaines
questions économiques. Or, il faut connaître le caractère de Voltaire ; sous ses apparences égalitaires et
démocratiques, c'est un homme du monde et un aristocrate. Tout ce qui brille le séduit, l'attire, le fixe et
le retient. « Toute sa personne aisée, soignée, coquette,
« parfumée à l'essence de *girouffle*, avec des recher-
« ches et des élégances féminines, respirait le désir
« de plaire et la liberté, la vivacité familière d'un

(1) *Dictionnaire philosophique*, Beuchot, t. 27, p. 389, au mot « Blé ».

« homme né pour le monde (1) ». Nulle part, il ne se sent mieux à l'aise que dans le tourbillon des élégances mondaines. Il rêve d'avoir son entrée libre à Versailles ; en attendant, il fréquente assidûment les salons aristocratiques des Caumartin et de la maréchale de Villars... Or, dans tous ces salons on causait sans cesse d'économie politique. Les grandes dames ne dédaignaient point, après une conversation d'aimable philosophie, de discuter sur l'impôt ou le commerce des grains. Aussi Voltaire se devait-il à lui-même de faire comme les autres, de faire plus que les autres. Il ne pouvait pas résister au besoin agité qui le tourmentait de se mêler de tout, pour primer partout. Il fallait qu'il intervint dans toutes les affaires petites ou grandes qui occupaient l'opinion publique. Par la force des choses, il étudia donc les problèmes économiques.

Son influence sur l'époque, au seul point de vue économique, fut énorme. On s'en rend compte difficilement aujourd'hui, car le temps efface bien des choses ; mais que l'on songe à la popularité de Voltaire, que l'on songe que tous ses écrits étaient attendus avec passion et lus avec avidité et on comprendra que le moindre opuscule émanant de sa plume prenait une importance toute particulière.

Cette influence était d'ailleurs reconnue par ses contemporains eux-mêmes. Voltaire venait de publier sa *Diatribe à l'auteur des Ephémérides*. Bachaumont écrit aussitôt dans ses *Mémoires* : « Ce grand homme

---

(1) Brunetière, *Etudes critiques...*, t. 1, p. 264.

« persuade par un certain enthousiasme qu'il com-
« munique toujours au lecteur et les économistes doi-
« vent se féliciter d'avoir acquis en lui un apôtre qui
« contribuera mieux qu'eux tous à la propagation de
« la science par cet art enchanteur d'attacher sur tou-
« tes les matières et de se faire lire par les gens les
« plus frivoles. La brochure en question est savante,
« historique, agréable et toujours aiguisée d'une pointe
« de sarcasme qui réveille, pique et soutient la curio-
« sité. » (1)

La grande notoriété de Voltaire, jointe à son talent
inimitable d'écrivain, furent donc les causes de son
influence économique.

Pourquoi Voltaire est-il aujourd'hui relégué à l'ar-
rière plan des doctrines économiques alors qu'il était
continuellement en scène au dix-huitième siècle ? La
raison en est simple : Voltaire n'est pas à proprement
parler un économiste. Il fit de l'économie politique
pour suivre le courant du siècle. Il l'étudia en journaliste qui raille ou admire les idées en cours selon ses
inspirations ou ses dispositions ; mais nulle part on ne
trouve chez lui un ensemble de théories savamment
conçues et logiquement agencées comme chez les purs
économistes. Aussi les critiques spirituelles ou les
franches admirations de Voltaire n'étant soutenues
par aucune méthode rationnelle se sont-elles effacées
avec le temps.

Qu'on ne cherche donc pas dans cette étude l'ana-

---

(1) Bachaumont, *Mémoires secrets pour servir à l'histoire de la Répu-*
blique des lettres en France, t. 8, p. 107, 6 juil. 1775.

lyse d'un système économique ; Voltaire n'en possède pas.

Avant d'indiquer le plan de notre étude, il est bon de donner quelques explications préalables qui le feront mieux comprendre.

Voltaire n'étudia les questions économiques que très accessoirement et encore lui faut-il toujours une occasion pour les aborder, une influence extérieure qui le pousse pour ainsi dire à manifester sa pensée. A cet égard, ses doctrines ont toujours une source bien définie dont il est facile de suivre la trace : tantôt ce sera l'influence du milieu social et le désir de répondre à certaines idées en cours en dehors de toute question d'école ; tantôt ce sera l'influence des institutions anglaises ; le plus souvent, ce sera le besoin de manifester sa pensée sur les deux grands systèmes économiques qui se disputaient alors l'opinion publique : le mercantilisme et la physiocratie.

Le mercantilisme, en effet, avait été restauré sur des bases nouvelles par Mélon, dans son *Essai politique sur le commerce*. Cet ouvrage, qui parut en 1734, fit grande impression sur Voltaire. Ce fut son guide économique et toutes les questions qu'il abordera pendant de longues années ne seront qu'un commentaire de cet ouvrage.

Quant à la doctrine des physiocrates, elle apparut dans la seconde moitié du dix-huitième siècle et elle inspira tous les écrits économiques de Voltaire à partir de cette époque. Nous le verrons successivement admirer et combattre les diverses théories de cette doctrine.

Le plan de notre étude sera donc le suivant :

Première partie : IDÉES ÉCONOMIQUES DE VOLTAIRE EN
DEHORS DU MERCANTILISME ET DE LA
PHYSIOCRATIE.

Deuxième partie : VOLTAIRE ET LE MERCANTILISME DE
L'ÉCOLE DE MÉLON.

Troisième partie : VOLTAIRE ET LES PHYSIOCRATES ' :
a) VOLTAIRE ADVERSAIRE DES PHY-
SIOCRATES.
b) VOLTAIRE AUXILIAIRE DES PHY-
SIOCRATES.

Ce plan, selon nous, présente un double avantage.
Non seulement il groupe les doctrines que nous analy-
sons d'après leurs sources respectives, mais, de plus,
si nous mettons à part les deux premiers chapitres de
cette étude, il a le grand avantage de retracer à peu
près l'évolution que subirent les idées de Voltaire au
cours de sa vie.

Ouvrages de Voltaire où les questions économiques
sont principalement étudiées :

Lettres philosophiques ou Lettres sur les Anglais, 1734.

Le Mondain, 1736.

La Défense du Mondain, 1737.

Observations sur MM. Jean Law, Mélon et Dutot, sur le commerce, le luxe, les monnaies et les impôts, 1738.

Lettre à l'occasion de l'impôt du vingtième, 1749.

Des Embellissements de la ville de Cachemire, 1750.

Dialogue entre un philosophe et un contrôleur général, 1751.

Siècle de Louis XIV, 1752.

Essai sur les mœurs, 1756.

Dictionnaire philosophique, 1764, aux mots : « Egalité, Luxe, Propriété ».

L'Homme aux quarante écus, 1768.

Fragments sur quelques révolutions dans l'Inde et sur la mort du comte de Lally, 1773.

Diatribe à l'auteur des Ephémérides, 1775.

Correspondance.

PREMIÈRE PARTIE

Idées économiques de Voltaire
en dehors du Mercantilisme et de la Physiocratie.

CHAPITRE PREMIER

La Propriété.

I.

Le Droit de Propriété au XVIIIᵉ siècle.

Le XVIIIᵉ siècle tout entier, fut une réaction contre l'époque de Louis XIV et l'absolutisme du grand roi. Les idées qui sortirent en Angleterre de la révolution de 1688, excitèrent l'enthousiasme du public, et c'est sous l'influence de ces idées venues d'outre-Manche, qu'un mouvement de réaction politique et religieux, se fit sentir en France dans la première moitié du XVIIIᵉ siècle.

Jusqu'alors tous les esprits étaient demeures en

France respectueux de la tradition, mais le XVIIIe siècle se montra bien différent. Abandonnant tout ce que le passé pouvait nous donner de renseignements utiles, faisant table rase du legs intellectuel des générations précédentes, on étudia désormais la société avec la seule raison.

La réaction qui se produisit, menée par « les philosophes », ne s'attaqua pas directement aux institutions politiques actuelles ; mais par un besoin de déduction poussé à l'excès, elle prit comme point de départ de ses observations sociales l'homme lui-même, mais indépendant de tout ce que la civilisation a pu lui donner de conventionnel et de factice : nous voulons dire l'homme de la nature. C'est en partant de là, en comparant l'état de l'homme primitif avec celui de l'homme civilisé, en voyant la prétendue fausse direction donnée à son éducation sociale, qu'on entreprit d'établir une morale et une politique nouvelles.

La littérature s'empara de cette agréable fiction de l'état de nature ; elle montra les charmes de cette vie primitive où l'homme passait des jours heureux sans devoirs et sans droits, et comme elle remarquait, non sans raison, que notre monde moderne était plein de vices, de souffrances et de malheurs, elle déclarait que la faute en était à la société qui s'était écartée de sa voie naturelle.

La vue de ce bonheur et de cette égalité parfaite qu'on faisait entrevoir, frappa vivement les esprits. Elle les frappa d'autant plus, que jamais, peut-être, l'inégalité n'avait été plus grande qu'à cette époque. Aussi, l'amour de l'égalité des biens se développa-t-il avec rapidité, il se développa même bien plus vite que

l'amour de la liberté, qui devait cependant seul
triompher (1).

Avec ces idées de réaction, avec cet esprit nouveau,
la vieille doctrine qui fondait la propriété sur le travail
et la liberté personnelle et en faisait un droit sacré et
imprescriptible, antérieur à toute société, devait être
nécessairement quelque peu délaissée. Il n'y aura
guère que les physiocrates, au cours du xviiie siècle,
qui la soutiendront avec énergie, nous y ajouterons
aussi Voltaire, bien que sa théorie ait une moindre
importance.

La doctrine qui eut la vogue au xviiie siècle était
bien différente. Les hommes, disait-on, vivaient pri-
mitivement dans une communauté complète des biens
de la terre. Ils s'en sont écartés volontairement en
créant l'état de société et la propriété individuelle. La
société actuelle fut créée par un libre contrat passé
entre les individus, puis des lois civiles vinrent établir
la propriété. C'est une loi qui a établi la propriété, il
est donc de toute évidence, qu'une loi nouvelle peut la
réglementer, la modifier à nouveau. En un mot, l'Etat
a le droit de transformer les conditions primitives qui
furent établies par lui.

C'était la doctrine soutenue au xviiie siècle, en Angleterre, par l'*Ecole du droit de la nature*, et principalement par Grotius qui en était le fondateur.

L'influence de cette école pénétrant en France, on
y vit alors apparaître cette énorme littérature uto-

(1) A. Tocqueville, *L'Ancien Régime et la Révolution*, p. 136.

pique qui occupe la fin du xviie siècle et tout le xviiie siècle.

Des écrivains, dont quelques-uns sont au premier rang parmi nos grands auteurs, se plaisent à rebâtir des états, à créer des cités idéales où ils font fonctionner leurs institutions nouvelles et, sous couleur de raconter des aventures plaisantes, attaquent vivement la propriété, qui est pour eux la source de tous les maux. Et pour ne citer que les plus célèbres : c'est Fénelon, avec son *Télémaque* ; c'est Morelly, avec sa *Basiliade*, 1753, et son *Code de la nature*, 1755 ; c'est J.-J. Rousseau, avec le *Discours sur l'inégalité*, 1755 ; c'est Mably... et combien d'autres que je passe sous silence.

Telles étaient les idées courantes au xviiie siècle. Ces questions, cependant, malgré leur importance, ne sont pas de celles qui passionnent les esprits et attirent l'attention. Il est, en effet, curieux de constater que tous ces écrivans aux idées subversives, ne furent pas inquiétés par le gouvernement, alors qu'on tracassait Voltaire et que le Parlement condamnait au feu les *Lettres anglaises*, l'*Homme aux quarante écus*... et bien d'autres ouvrages également inoffensifs. La raison en est que cette question de la propriété était en dehors des préoccupations des gouvernants, et que les changements proposés par ces écrivains, paraissaient d'une réalisation trop lointaine : « On y voyait des dissertations paradoxales qui méritaient à peine d'être réfutées, non des dangers que l'Etat dût prévenir. (1) »

_____

(1) Lichtenberger, *Le socialisme au XVIIIe siècle*, p. 26.

II.

Voltaire et le Droit de Propriété.

Voltaire, qui était le porte-parole de l'opinion publique, aurait dû, semble-t-il, faire écho à toutes ces idées. Il en fut tout autrement, et il ne manquera aucune occasion de combattre ces théories égalitaires et de se faire le défenseur de la propriété attaquée.

C'est ainsi qu'il soutient, contrairement à tous ces théoriciens rêveurs, que la propriété est conforme au droit naturel : « Liberty and property, dit-il, c'est le « cri anglais, c'est aussi le droit naturel de tous les « hommes. (1) »

Mais d'où vient ce droit de propriété? Pourquoi y a-t-il des gens qui possèdent et d'autres qui n'ont rien? En un mot ce droit de propriété que Voltaire prétend conforme au droit naturel est-il légitime? Voltaire, sur ce point, a peu étudié, peu creusé et toujours répété la même chose, à savoir : la propriété est un droit sacré et imprescriptible, il ne faut pas en rechercher l'origine. C'était en effet une bien grosse question à résoudre que celle de la légitimité de la propriété. Voltaire, néanmoins, s'en tire par un raisonnement

_____

(1) *Dictionnaire philosophique*, au mot « propriété », Beuchot, t. 32, p. 18.

qui vaut la peine d'être cité : « Tu viens, quand les lots
« sont faits, me dire : Je suis un homme comme vous...
« Donnez-moi ma part de la terre. Il y a dans notre
« hémisphère connu environ 50 milliards d'arpents à
« cultiver... nous ne sommes qu'environ un milliard
« d'animaux à deux pieds, sans,plumes, sur le conti-
« nent ; ce sont 50 arpents pour chacun : donnez-moi
« ces 50 arpents. On lui répond : Va-t-en les prendre
« chez les Caffres, chez les Hottentots ou les Samoyèdes.
« Arrange-toi avec eux à l'amiable. Ici toutes les parts
« sont faites. Si tu veux avoir parmi nous le manger,
« le vêtir, le loyer et le chauffer, travaille pour nous
« comme faisait ton père ; sers-nous ou amuse-nous
« et tu seras payé. (1) » Telle est la façon dont Voltaire
prétend légitimer la propriété ; pour beaucoup, elle
paraîtra insuffisante. On a essayé de bien des manières
de légitimer le droit de propriété, et parmi les multiples
théories émises, il n'y en a pas une seule qui soit à
l'abri de la critique. La meilleure est peut-être encore
celle de Voltaire : La propriété est un fait historique,
son établissement remonte à la plus haute antiquité ;
aujourd'hui il y a prescription. Si quelqu'un n'a pas
« sa part de la terre », qu'il aille l'acquérir là où se
trouvent encore des terres vierges et sans maître.

Nous sommes tenté d'admettre cette théorie, malgré
sa brutalité. Dans nos sociétés modernes, la justice
sociale admet que les plus grandes iniquités se pres-
crivent par un temps plus ou moins long ; pourquoi,

---

(1) *Dictionnaire philosophique*, Beuchot, t. 29, p. 8 au mot « Egalité. »

à supposer que la propriété fut une iniquité plus grande encore, ne serait-elle pas prescrite depuis les temps immémoriaux qu'elle existe? Évidemment, c'est un fait brutal destitué de toute valeur morale, mais aujourd'hui, à notre avis, c'est le seul fondement juridique de la propriété et le seul argument à opposer aux théories collectivistes.

Mais, à cette légitimité basée sur la prescription, Voltaire adjoint un argument pratique.

La propriété est nécessaire à la société ; c'est un stimulant au travail, une source d'activité et de progrès...

> Je n'aime les moutons que quand ils sont à moi..
> L'arbre qu'on a planté rit plus à notre vue
> Que le parc de Versailles et sa vaste étendue (1).

La propriété augmente la production, développe le commerce, accroît la population. « Il est certain, nous « dit Voltaire, que le possesseur d'un terrain cultivera « mieux son héritage que celui d'autrui. L'esprit de « propriété double la force de l'homme. On travaille « pour soi et pour sa famille avec plus de vigueur et « de plaisir que pour un maître. L'esclave, qui est dans « la puissance d'un autre, a peu d'inclination pour le « mariage. Il craint souvent même de faire des enfants « qui seront esclaves comme lui. Son industrie est « étouffée, son âme abrutie et ses forces ne s'exercent

---

(1) *Poésies*, Beuchot, t. 12, p. 45.

« jamais dans toute leur élasticité. Le possesseur, au
« contraire, désire une femme qui partage son bon-
« heur et des enfants qui l'aident dans son travail.
« Son épouse et ses fils font des richesses. Le terrain
« de ce cultivateur peut devenir dix fois plus fertile
« qu'auparavant sous les mains d'une famille labo-
« rieuse (1). »

La propriété est donc indispensable au bon fonctionnement de la société ; l'homme travaillera mieux
étant propriétaire et il ne craindra pas de procréer,
car ses enfants un jour lui succéderont. Aussi faut-il
faciliter l'acquisition de la propriété. A ce point de
vue, Voltaire demande l'abolition du droit d'aubaine.

Chez tous les peuples, nous dit-il, un étranger devrait pouvoir librement acquérir une terre et la transmettre à ses héritiers. « C'est dans notre Europe qu'il
« y a encore quelques peuples dont la loi ne permet
« pas qu'un étranger achète un champ où un tom-
« beau dans leur territoire. Le barbare droit d'aubaine
« par lequel un étranger voit passer le bien de son
« père au fisc royal subsiste encore dans tous les
« royaumes chrétiens... (2) ». Ce droit d'aubaine qui
était en effet une entrave ridicule à la transmission de
la propriété, fut aboli dans la suite par des conven-
tions particulières avec les puissances ; il disparut
complètement en 1819.

---

(1) *Dictionnaire philosophique*, Beuchot, t. 32, p. 18, au mot « Propriété. »
(2) *Essai sur les mœurs*, Beuchot, t. 18, p. 484.

III.

Restrictions apportées au Droit de Propriété.

Inégalité des conditions.

— Tel est donc, pour Voltaire, le droit de propriété ;
à lire ces quelques lignes, ce droit semblerait absolu.
Mais il en va tout autrement, et Voltaire, qui vient de
faire l'apologie de la propriété, va maintenant mettre
à son acquisition des règles restrictives, plutôt bizarres. Après avoir vu, dit-il, s'il est avantageux à un
Etat que les cultivateurs soient propriétaires, il reste à
voir jusqu'où cette concession peut s'étendre ? Tout le
monde peut donc en principe devenir propriétaire,
mais il y a propriétaire et propriétaire. Si le principe
est bon, il peut avoir des inconvénients. « Il est arrivé
« que des serfs affranchis, devenus riches par leur
« industrie, se sont mis à la place de leurs anciens
« maîtres appauvris par leur luxe ; dès lors, c'est une
« situation anormale qui ne doit pas se produire dans
« un Etat bien policé (1) ».
   Nous reconnaissons bien là le caractère de Voltaire ;
sous ses apparences égalitaires, cet homme qui traitait son évêque de « maçon, fils de mauvais maçon »,
et un lieutenant de police de « fripon de la lie du peu-

(1) *Dictionnaire philosophique*, Beuchot, t. 32, p. 22, au mot « Propriété ».

ple » (1) a l'esprit foncièrement aristocratique. Il ne faut donc pas que les serfs affranchis étalent trop de luxe, il ne faut pas qu'ils arrivent à égaler leurs anciens maîtres, et, pour cela, Voltaire propose trois choses il faut :

1º Mettre un frein à la cupidité et à l'orgueil des nouveaux parvenus ;

2º Fixer l'étendue des terrains roturiers qu'ils peuvent acheter ;

3º Leur interdire l'acquisition des grandes terres seigneuriales (2).

Telles sont les étranges restrictions qu il apporte à l'exercice du droit de propriété. Qu'on n'aille pas dire maintenant que Voltaire a l'esprit égalitaire, car nous le voyons ici se faire le défenseur de l inégalité sociale. Il dit bien quelque part que les hommes sont égaux :

C'est du même limon que tous ont pris naissance.

. . . .

Les astres sont pour nous aussi bien que pour eux (les riches).
Nous sommes égaux .. nous avons tous droit à la félicité (3).

Mais il s'empresse ailleurs de dire que cette égalité n'est que théorique. L'égalité est impossible pour plusieurs raisons. « Tout homme naît avec un penchant « assez violent pour la domination, la richesse et les « plaisirs et avec beaucoup de goût pour la paresse ;

---

(1) *Correspondance*, Beuchot, t. 65, p. 143-449. Lettres à d'Argental, 27 juil. 1768 et 23 mai 1769.

(2) *Dictionnaire philosophique*, Beuchot, t. 32, p. 22, au mot « Propriété ».

(3) *Poésies*, Beuchot, t. 12, p. 45.

« par conséquent, tout homme voudrait avoir l'argent
« ou la femme... des autres, être leur maître, les assu-
« jettir à tous ses caprices et ne rien faire... Vous
« voyez bien qu'avec ces dispositions il est impossible
« que les hommes soient égaux (1). » En second lieu,
la structure de la société a l'inégalité pour base. Le
genre humain, tel qu'il est, ne peut subsister à moins
qu'il n'y ait une infinité d'hommes utiles qui ne possèdent rien du tout. Bien que la propriété soit un droit
naturel, tous les paysans ne doivent pas être riches et
possesseurs : « Il est impossible, dans notre malheu-
« reux globe, que les hommes vivant en société ne
« soient pas divisés en deux classes, l'une de riches
« qui commandent, l'autre de pauvres qui servent ;
« et ces deux se subdivisent en mille, et ces mille ont
« encore des nuances différentes (2). » Il faut donc,
et Voltaire insiste sur ce point, qu'il y ait des hommes
sans fortune, n'ayant que leurs bras et leur bonne
volonté (3). D'ailleurs, les non-propriétaires ne sont
pas si malheureux que cela peut paraître, car ils ne
pensent guère à leur condition. De plus, en servant
les autres, ils participeront à leur bonheur. Enfin, ils
seront libres de vendre leur travail à qui voudra le
mieux payer ; cette liberté tiendra lieu de propriété (3).

Le sort des non-propriétaires évidemment n'a rien
d'alléchant, mais pourquoi se plaindre, pourquoi gémir
sur un sort qui est définitivement fixé et auquel on ne

---

(1) *Dictionnaire philosophique*, Beuchot, t. 29, p. 10, au mot « Egalité . »
(2) Id., t. 29, p 8,
(3) Id., t. 32, p. 21, au mot « Propriété ».

peut rien changer ? « On a quelque peine, je l'avoue, à
« voir ceux qui labourent, dans la disette, ceux qui ne
« produisent rien, dans le luxe ; de grands propriétaires
« qui s'approprient jusqu'à l'oiseau qui vole et au
« poisson qui nage ; des vassaux tremblants qui
« n'osent délivrer leurs moissons du sanglier qui les
« dévore... le droit du plus fort faisant la loi, non seu-
« lement de peuple à peuple, mais encore de citoyen à
« citoyen. Cette scène du monde de tous les instants
« et de tous les lieux, vous voudriez la changer ?
« *Voilà votre folie à vous autres, moralistes !* Montez
« en chaire, avec Bourdaloue, ou prenez la plume, avec
« La Bruyère, temps perdu : le monde ira toujours
« comme il va (1) ». Voltaire ne laisse même pas aux
non-propriétaires l'espoir d'un avenir meilleur, et si
devant une telle situation on est tenté de crier à l'injustice, il répondra : « La nature se soucie fort peu
« des individus... La nature est comme les grands
« princes qui ne comptent pour rien la perte de
« 400.000 hommes pourvu qu'ils viennent à bout de
« leurs augustes desseins (1). »
   Telle est l'apologie brutale de l'inégalité sociale.
Voltaire ne cherche même pas à l'adoucir par quelques
restrictions, et sa dureté pour les misérables de ce
monde était un côté original de son caractère à mettre
en lumière. Enfin et surtout, ces lignes sont une attaque directe à ceux qu'il appelle « moralistes », aux
Fénelon, aux Morelly, aux Rousseau..., à tous ces philosophes utopistes dont nous avons parlé, à tous ces

---

(1) *Dictionnaire philosophique*, Beuchot, t. 32, p. 45.

écrivains qui rêvaient de bouleverser nos institutions sociales, qui voyaient en imagination un monde nouveau où l'inégalité, source de tous les maux, devait disparaître ; où l'homme enfin devait acquérir un bonheur parfait avec l'égalité.

Voltaire a donc condamné, d'une façon on ne peut plus directe, toutes ces idées égalitaires, toutes ces théories à teinte socialiste qui avaient cours au XVIIIe siècle. Aussi l'importance historique de cette condamnation, au nom d'une sorte de fatalisme cosmique, n'échappera à personne.

CHAPITRE II.

Le servage : sa double condamnation au point de vue de la liberté et au point de vue économique. — La traite des noirs.

Dans la société féodale, le nombre des serfs avait été considérable ; dans les campagnes, presque toute la population agricole, dans les villes, presque toute la classe ouvrière étaient de condition servile (1). Mais, au XVIIIe siècle, le servage était devenu un état exceptionnel. La coutume, qui avait souvent effacé les incapacités des serfs, et les nombreux affranchissements accomplis les siècles précédents, avaient fait disparaître la presque totalité des serfs. Néanmoins, il en restait encore dans quelques régions, comme en Bourgogne, en Franche-Comté, en Auvergne, dans le Bourbonnais, dans le Nivernais... Lorsque Voltaire se fut installé à Ferney, dans le pays de Gex, il se trouvait à proximité de toutes ces régions, il se trouvait surtout voisin d'une certaine abbaye de Sainte-Claude, sur le Mont-Jura, dont les

---

(1) Esmein, *Cours élémentaire d'histoire du droit français*, p. 680.

moines possédaient encore de nombreux serfs soumis
aux mêmes obligations que dans le pur droit féodal.
Voltaire, entouré de tous ces exemples, ne se lassa pas
de demander la suppression de ces derniers vestiges,
et dans les suppliques nombreuses qu'il adressa, soit
au roi, soit à ses ministres, il sut trouver des accents
éloquents pour flétrir cette atteinte honteuse à la liberté
humaine.

Il condamne le servage à un double point de vue :
1° comme contraire à la liberté humaine ; 2° comme
un état anti-économique.

Nous n'avons pas la prétention de passer en revue
tous les écrits où Voltaire demande l'abolition du
servage, il nous suffira d'en extraire les idées générales.

Voltaire envisage tout d'abord l'esclavage qui a une
si proche parenté avec le servage. Il y eut des esclaves
de toute antiquité, dit notre auteur : l'esclavage est
aussi ancien que la guerre et la guerre aussi ancienne
que la nature humaine (1).

Linguet, dans sa *Théorie des lois civiles*, avait soutenu cette idée que l'esclavage antique était bien
supérieur au servage, bien préférable au salariat
moderne. Il leur était supérieur, parce que l'esclave
était assuré de vivre, tandis que le salarié n'est jamais
sûr de trouver du travail. Voltaire n'avait point oublié
cette théorie de Linguet : « Certains, dit-il, préfèrent
« hautement l'esclavage à la domesticité et surtout à
« l'état libre de manœuvres. On plaint le sort de ces

---

(1) *Dict. phil.*, Beuchot, t. 29, p. 197-202, au mot « Esclave ».

« malheureux hommes libres, personne n'est chargé de
« les nourrir, de les secourir, au lieu que les esclaves
« étaient nourris et soignés par leurs maîtres » (1). Soit,
dit Voltaire, mais l'espèce humaine préfère se pourvoir
que dépendre. Demandez à l'esclave s'il désire être
affranchi, et vous verrez ce qu'il vous répondra. Par
cela seul la question est décidée (1).

Quant au servage, il n'est point bien préférable à
l'esclavage ; il se condamne par ses abus, par ses
entraves nombreuses à la liberté humaine. Et Voltaire
énumère quelques-uns de ces abus dont il était le
témoin. Les serfs, nous dit-il, ne peuvent transmettre
à l'héritier de leur sang la terre que leurs travaux ont
fertilisée si cet héritier a cessé pendant une année seulement, dans tout le cours de sa vie, de vivre avec eux
sous le même toit, au même feu et du même pain (2).

Ils n'ont pas la faculté de disposer de leur patrimoine,
pas même de leurs meubles, ni par donation, ni par
testament ; ils n'ont pas non plus la liberté de les vendre dans leurs besoins pour soulager leur indigence (2).
Une fille esclave perd irrévocablement, en se mariant,
le droit de succéder à son père, lorsqu'elle oublie de
coucher la première nuit des noces dans la maison
paternelle.... (2). Le serf, qui est privé de la faculté
d'hypothéquer et de vendre son bien, n'a et ne peut
avoir aucune espèce de crédit ; il ne peut faire ni
emprunt pour améliorer ses terres, ni se livrer au
commerce..... etc., etc. (2).

---

(1) *Dict. phil.*, Beuchot, t. 29, p. 197-202, au mot « Esclave. »
(2) *Mélanges*, Beuchot, t. 48, p. 161 (Extrait d'un Mémoire pour l'entière
abolition de la servitude en France, 1775).

« On croirait que ces usages sont ceux des Cafres ou
« des Algonquins. C'est dans la patrie des L'Hospital
« et des Daguesseau que ces horreurs ont obtenu force
« de loi, et les Daguesseau et les L'Hospital n'ont pas
« osé élever leur voix contre cet abominable abus » (1).

Voltaire distingue trois sortes de servage. Il est bon
de dire que les exemples donnés par Voltaire sont pris
en Franche-Comté, et qu'il emploie indifféremment le
mot d'esclavage ou celui de servage. Il distingue :

1° L'esclavage de la personne ;

2° L'esclavage des biens ;

3° L'esclavage de la personne et des biens (2).

L'esclavage de la personne, nous dit-il, consiste dans
l'incapacité de disposer de ses biens en faveur de ses
enfants, s'ils n'ont pas vécu toujours avec leur père
dans la même maison et à la même table.

L'esclavage réel est celui qui est affecté à une habi-
tation : quiconque vient occuper une maison en Franche-Comté et y demeure un an et un jour, devient le
serf de la seigneurie ressortissante.

L'esclavage mixte « est celui qui, étant composé des
« deux, est ce que la rapacité a jamais inventé de plus
« exécrable et ce que les brigands n'oseraient pas
« même imaginer » (2).

Non seulement attentatoire à la liberté naturelle,
le servage est encore un état anti-économique. « Ce
« n'est pas le moyen de rendre les hommes heureux
« que de les tenir en esclavage : on n'encourage pas

---

(1) *Mélanges*, Beuchot, t. 48, p. 106 (Diatribe à l'auteur des Ephémérides, 1775).

(2) *Au roi en son conseil*, Beuchot, t. 46, p. 448.

« les hommes au mariage en les dépouillant du patri-
« moine de leurs pères, en ne leur laissant que la
« perspective de transmettre à leurs enfants le même
« esclavage et la même misère. A qui fera-t-on croire
« que la France est moins opulente depuis ses affran-
« chissements généraux qu'elle ne l'était lorsque la
« servitude était la condition commune des habitants
« de la campagne » (1). Puisque la nation a gagné en
affranchissant les serfs, il faut donc continuer une
si bonne opération, car « il est ridicule et horrible,
« préjudiciable à l'Etat et au roi... que des hommes
« très utiles et très nombreux soient esclaves d'un
« petit nombre de faquins inutiles » (2).

En donnant la liberté aux serfs, on donne la
prospérité au pays, on développe l'industrie et le commerce, et Voltaire cherche à convaincre les seigneurs
de cette vérité. « Si les seigneurs de mainmorte
« disaient : La liberté serait pernicieuse à des hom-
« mes qui ne peuvent prospérer que par leur réunion
« et par l'adhésion perpétuelle à leur sol, on leur
« répondrait : Vos souverains, il y a deux siècles,
« ont pensé différemment ; avec la liberté, ils firent
« présent de l'industrie et de la prospérité aux
« sujets de leurs domaines. La France entière,
« dont le nom, l'aspect, l'industrie et le bonheur
« excitent la jalousie des nations, ne jouit de ces
« avantages que depuis les jours de sa liberté. La
« Lorraine soulagée par le duc Léopold des restes

---

(1) *Mélanges*, Beuchot, t. 48, p. 161 (Extrait d'un Mémoire pour l'entière
abolition de la servitude en France, 1775).

(2) *Correspondance*, Beuchot, t. 69, p. 467 (Lettre à Morellet, 29 déc. 1775).

« de l'esclavage est devenue, depuis cette époque, le
« champ des arts et de l'activité. » (1) Faisons donc
comme le duc Léopold ; que les moines de Sainte
Claude libèrent leurs derniers serfs et la nation entière
leur en saura gré.

Enfin pour mieux prouver ce qu'il avance, pour
montrer au roi et à son conseil, que la disparition des
serfs serait un bien économique, Voltaire, dans ses
requêtes, cite des exemples à l'appui de son dire.
Dans un écrit du mois d'octobre 1772, intitulé « *La
voix du curé sur le procès des serfs du Mont Jura* », il
nous montre que ceux qui prirent l'initiative d'affranchir leurs serfs n'eurent pas à le regretter. « ... M. le
« marquis de Choiseul la Baume vient d'affranchir ses
« vassaux dans ses terres... Qu'en est-il arrivé ? Il y a
« gagné. Sa bonne action a été récompensée, sans
« qu'il espérât aucune récompense. Des mains libres
« ont mieux cultivé ses champs ; les redevances se
« sont multipliées avec les fruits ; les ventes ont été
« fréquentes, la circulation abondante, la vie revenue
« dans le séjour de la mort.., Que dis-je, le roi de Sar-
« daigne vient d'affranchir tous les serfs de la Savoie,
« et cette Savoie, dont le nom seul était le proverbe de
« la pauvreté, va devenir florissante. » (2)

Voltaire ne se lasse donc pas de demander l'abolition
du servage, au nom de la liberté et au nom des principes économiques. N'est-il pas étrange cependant de
voir ce grand seigneur qui se faisait, il y a un instant,

---

(1) Beuchot, t. 46, p. 481.
(2) *Mélanges*, Beuchot, t. 46, p. 442. « La voix du curé sur le procès
des serfs du Mont-Jura », 1772.

l'apôtre de l'inégalité sociale, se faire maintenant le défenseur des humbles et des opprimés ! Quoiqu'il en soit, il faut savoir gré à Voltaire, d'avoir demandé constamment avec autant d'ardeur que de conviction l'abolition de la servitude. La question du servage est peut-être la seule sur laquelle il ne se soit pas contredit ; dans tous ses ouvrages, nous n'avons pas trouvé l'ombre d'une contradiction, nous l'avons toujours vu au contraire, l'adversaire acharné de la servitude. Ses suppliques réitérées au roi, ne restèrent pas sans effet. Nous sommes convaincu, pour notre part, que l'édit de Louis XVI, du 8 août 1779, est dû à la campagne de Voltaire. Cet édit abolissait sans indemnité, le servage dans les terres de la couronne, mais le laissait subsister sur les terres des seigneurs. Le servage ne disparut complètement qu'à l'avènement de la Révolution. S'il en était ainsi, cet édit arrivant quelques mois après la mort de Voltaire, aurait été le plus bel hommage rendu à sa mémoire.

APPENDICE. — *Traite des Noirs.*

Pour compléter ce chapitre sur le servage, il nous est indispensable de dire un mot sur une question connexe : la traite des noirs.

Le commerce des esclaves, en effet, était encore en pleine activité dans la seconde moitié du XVIIIe siècle, et Voltaire, qui lutta contre le servage, ne pouvait manquer de demander l'abolition de la traite des noirs : « Ce

négoce, dit-il, démontre notre supériorité, celui qui se
donne un maître, était né pour en avoir. » (1) Cette
concession donnée à son amour-propre d'Européen,
Voltaire combat ce genre de commerce. Un peuple qui
trafique de ses enfants est encore plus condamnable que
l'acheteur, dit-il ; mais nous, Européens, qui sommes
plus civilisés « nous n'avons pas le droit naturel d'aller
garotter un citoyen de l'Angola, pour le mener travailler à coups de nerfs de bœufs à nos sucreries de la
Barbade. » (2) Il ne faut pas non plus leur faire subir
de mauvais traitements, car nous n'en avons pas le
droit : « Nous leur disons qu'ils sont hommes comme
« nous... et ensuite on les fait travailler comme des
« bêtes de somme ; on les nourrit plus mal ; s'ils
« veulent s'enfuir, on leur coupe une jambe et on leur
« fait tourner à bras, l'arbre des moulins à sucre,
« lorsqu'on leur a donné une jambe de bois. Après
« cela, nous osons parler du droit des gens. » (3)
Voltaire est donc nettement hostile à ce trafic
humain. « Un homme ne doit pas pouvoir vendre
« sa liberté. La servitude est une espèce de péché con-
« tre la nature. » (4)
Cette attaque contre le commerce honteux des noirs,
fait un digne pendant à sa lutte contre le servage.

---

(1) *Essai sur les mœurs*, Beuchot, t. 17, p. 450.
(2) L'*A. B. C.*, t. 45, p. 67, 1768.
(3) *Essai sur les mœurs*, t. 17, p. 450.
(4) L'*A. B. C.*, Beuchot, t. 45, p. 63.

CHAPITRE III.

Réhabilitation du Commerce.

A la suite de son aventure burlesque avec le chevalier de Rohan, Voltaire dut s'exiler en Angleterre. Il
y demeura trois ans, de 1726 à 1729. Ce séjour de Voltaire en Angleterre, à l'époque de la formation de son
esprit, produira sur l'ensemble de ses idées une
impression qui ne s'effacera jamais, et nous croyons
ne rien exagérer en disant que la plupart de ses idées
politiques, religieuses et philosophiques naquirent à
ce moment là. Ce qui est certain, c'est qu'aussitôt
rentré en France, il publia les *Lettres sur les Anglais*,
plus connues sous le nom de *Lettres philosophiques*, où
nous pouvons voir l'influence profonde sur son esprit,
des institutions anglaises. Toutes ces lettres roulent
sur des questions politiques et religieuses, et Voltaire
ne craint pas d'y montrer la supériorité des Anglais.
Aussi furent-elles dénoncées par le clergé et un arrêt
du Parlement du 10 juin 1734, les condamna à être

brûlées par l'exécuteur des hautes œuvres, comme
contraires à la religion, aux bonnes mœurs et au
respect dû aux puissances.

Au point de vue économique, en particulier, cette
influence anglaise sera très générale. Elle donnera
une forme particulière à l'esprit de Voltaire, elle
moulera pour ainsi dire sa pensée et toutes les questions économiques qu'il étudiera désormais se ressen-
tiront plus ou moins de cette impression première.

Mais cette influence fut précisément trop générale
pour être partout profonde ; certains passages de
Voltaire portent cependant le reflet bien certain de
cette influence et ne furent écrits que sous l'impulsion
d'un souvenir encore vivace ; ainsi, les idées qu'il
émet pour réhabiliter le commerce et le relever, si
possible, du dédain avec lequel il était regardé au
dix-huitième siècle.

C'est en Angleterre, en effet, au milieu du peuple le
plus commerçant du monde qu'il vit, par comparai-
son, avec quelle étroitesse d'esprit on jugeait le commerce en France et avec quelle sotte fatuité on dédai-
gnait cette profession. Aussi, si parfois on était étonné
de voir cet aristocrate et ce grand seigneur qu'était
Voltaire prendre hautement la défense du commerce
à une époque où il était regardé chez nous comme un
métier humiliant et que la noblesse devait abandonner
aux roturiers sous peine de déroger, il faut en voir
l'unique raison dans ce séjour en Angleterre.

Dès son retour en France, Voltaire prit donc la
défense du commerce et dans les *Lettres sur les Anglais*
qu'il fit paraître en 1734, il nous donne à ce sujet
l'Angleterre comme modèle. Les idées que nous avons

relevées ne sont, il est vrai, que des idées superficielles et très générales, mais elles indiquent déjà la pensée de Voltaire et elles lui serviront plus tard de cadre à des développements plus explicites.

En 1732, il dédiait *Zaïre* à M. Falkener, riche négociant anglais, qui l'avait hébergé pendant son exil, et, dans l'épître dédicatoire, il écrivait : « Je jouis en « même temps du plaisir de dire à ma nation de quel « œil les négociants sont regardés chez vous, quel « estime on sait avoir en Angleterre pour une profes- « sion qui fait la grandeur de l'État et avec quelle « supériorité quelques-uns d'entre vous représentent « leur patrie dans le Parlement... Je sais bien que « cette profession est méprisée par nos petits maîtres ; « mais vous savez aussi que nos petits maîtres et les « vôtres sont l'espèce la plus ridicule qui rampe avec « orgueil à la surface de la terre (1). » Voilà donc fait, on ne peut plus durement, le procès de cette idée que le commerce est une profession avilissante, et Voltaire ne ménage pas ses termes vis-à-vis de cette noblesse qu'il savait si bien flatter par ailleurs.

Quelques années plus tard, il revient sur cette idée, et dans les *Lettres sur les Anglais*, il montre spirituellement la différence qu'il y a entre un commerçant utile à son pays et un seigneur désœuvré. Dans la lettre X, qui est consacrée au commerce, nous relevons ce passage : « On ne déroge point ici en faisant « le commerce. Le cadet d'un pair d'Angleterre ne

---

(1) *Théâtre*, Beuchot, t. 13, p. 141. Epître dédicatoire de *Zaïre*.

« dédaigne point le négoce... » ; et il tourne en ridicule certains nobles entêtés « n'ayant pour tout bien que des armoiries et une noble fierté » qui feraient mieux de faire du commerce aux Indes que de mourir de faim dans le jardin de Versailles. Enfin, Voltaire termine en montrant la supériorité du commerçant : « Le négociant, dit-il, entend lui-même parler
« si souvent avec dédain de sa profession qu'il est
« assez sot pour en rougir ; je ne sais pourtant lequel
« est plus utile à un Etat, ou un seigneur bien poudré
« qui sait précisément à quelle heure le roi se lève,
« à quelle heure il se couche et qui se donne des airs
« de grandeur en jouant le rôle d'esclave dans l'anti-
« chambre d'un ministre, ou un commerçant qui
« enrichit son pays, donne de son cabinet des ordres
« à Surate et au Caire, et contribue au bonheur du
« monde (1). »

Le commerce est donc non seulement une profession honorable, mais une profession indispensable à la prospérité d'un Etat. Ce qui le prouve bien, c'est que
« la Hollande presque submergée, Gênes qui n'a que
« des rochers, Venise qui ne possédait que des lagu-
« nes pour terrains eussent été des déserts ou plutôt
« n'eussent point existé sans le commerce (2) ».

Voltaire s'est donc élevé avec vigueur contre les préjugés de son époque, et, quelques années plus tard, lorsqu'il écrira le *Siècle de Louis XIV*, le grand éloge

---

(1) *Lettres sur les Anglais*, Beuchot, t. 37, p. 161-162. Lettres X sur le commerce.
(2) Id., t. 41, p. 177.

qu'il adressera à Colbert sera précisément d'avoir su
encourager le commerce : « Le génie de Colbert,
« nous dit-il, se tourna principalement vers le com-
« merce, qui était faiblement cultivé, et dont les
« grands principes n'étaient pas connus (1). » Et un
peu plus loin, il ajoute : « Si l'on compare l'adminis-
« tration de Colbert à toutes les administrations pré-
« cédentes, la postérité chérira cet homme dont le
« peuple insensé voulut déchirer le corps après sa
« mort. Les Français lui doivent certainement leur
« industrie et leur commerce (2). » Le résultat de
cette protection intelligente du ministre fut excellent.
Grâce à Colbert, nous dit-il, les draps d'Abbeville sup-
plantèrent ceux de Hollande et d'Angleterre. Les tapis
de Perse et de Turquie furent surpassés à la Savon-
nerie. Les tapisseries de Flandre le cédèrent à celles
des Gobelins... Les riches étoffes où la soie se mêle à
l'or et à l'argent se fabriquèrent à Lyon avec une
industrie nouvelle... (3)

Le résultat plus général de cette politique qu'on ne
savait pas apprécier alors, parce qu'il y avait « plus
de bourgeois que de citoyens (4) » fut une prospérité
commerciale jusqu'alors inconnue et surtout une réha-
bilitation du commerce. Il n'apparaît plus désormais
comme une profession avilissante, puisque le ministre
de Louis XIV en fait la première de ses occupations et

(1) *Siècle de Louis XIV*, Beuchot, t. 20, p. 239.
(2) Id , t. 20, p. 272.
(3) Id., t. 20, p. 245.
(4) Id., t. 20, p. 241.

lui donne des encouragements et des subsides. « Il
« parut bien alors, dit Voltaire, que le commerce ne
« déroge pas. » Et plus tard, lorsque les physiocrates
viendront soutenir son infériorité vis-à-vis de l'agriculture, il prendra encore chaudement sa défense et
demandera pour lui un traitement plus favorable et
plus conforme aux vrais principes économiques.

CHAPITRE IV.

Théorie générale de l'impôt.

I.

Sources.

Parmi les questions économiques étudiées par Voltaire, celle de l'impôt est de beaucoup la plus importante, non seulement au point de vue de la matière qui est traitée, mais encore au point de vue de la place prépondérante qu'elle occupe dans l'œuvre économique de notre auteur.

Le séjour de Voltaire en Angleterre sera encore ici d'une influence capitale. Il étudia sur place le régime financier des Anglais ; il vit fonctionner un système d'imposition bien différent du nôtre ; il put constater que les principes de l'égalité devant l'impôt étaient respectés, que les impositions n'étaient pas arbitraires, mais votées tous les ans avec justice et proportionnalité par un Parlement ; que le recouvrement enfin de ces impositions ne donnait pas lieu aux abus scandaleux de notre ancien régime. Aussi, dès son retour en

France, il manifesta son admiration pour un régime fiscal si justement compris, et il ne manqua aucune occasion de nous le citer comme modèle.

En outre de l'influence anglaise, et bien que cela n'apparaisse pas nettement, Voltaire dut subir l influence de Boisguilbert et de Vauban. Ces deux auteurs furent en effet les précurseurs de Voltaire sur cette question financière. Vauban, dans sa *Dîme Royale*, et Boisguilbert, dans le *Détail de la France* et le *Factum de la France*, critiquent le mauvais système d'imposition qui fonctionnait alors ; et après avoir énuméré toutes les erreurs de notre régime financier, ils indiquent les principes rationnels qu'ils voudraient y voir à la base. Ces principes sont : la proportionnalité de l'impôt ; la suppression des privilèges ; l'amélioration des modes de recouvrement. C'est ainsi qu'ils combattent la gabelle, parce qu'elle est improportionnelle et établie sur un objet de première nécessité ; c'est ainsi encore qu'ils combattent les traitants, à cause des malversations et des détournements qu'ils commettent.. ,.

Voltaire soudiendra précisément les mêmes idées.

II.

Caractères de l'impôt.

Faisant une étude générale de l'impôt, Voltaire reconnaît tout d'abord sa nécessité dans une société organisée. « L'impôt est maudit, nous dit-il ; mais,

« tout maudit qu'il soit, il faut pourtant bien convenir
« qu'il est impossible qu'une société subsiste sans que
« chaque membre paie quelque chose pour les frais
« de cette société » (1).

L'impôt est une nécessité de toutes les civilisations,
et il a en effet sa raison d'être et sa légitimité dans
cette obligation de pourvoir aux dépenses publiques.
Mais si l'impôt est une nécessité, il doit cependant
obéir à certaines règles. Ces règles, Voltaire les con-
dense dans une seule : la justice. De cette règle
générale que l'impôt doit être juste, Voltaire en déduit
qu'il doit être égal pour tous, c'est-à-dire proportionnel
aux revenus de chacun ; qu'il doit être enfin voté par
la nation (1).

L'impôt doit être égal pour tous ; cela ne veut pas
dire évidemment que tout le monde doive payer la
même taxe, ce qui serait une souveraine injustice, mais
que chaque contribuable doit payer proportionnellement à ses ressources. A cet égard, Voltaire attaque
les privilèges que possédaient la noblesse et le clergé,
sous couleur d'exposer le système anglais : « Un
« homme, dit-il, parce qu'il est noble ou parce qu'il
« est prêtre, n'est point exempt de payer certaines
« taxes... Tout le monde paie, chacun donne, non
« selon sa qualité (ce qui serait absurde), mais selon
« son revenu » (2). Ailleurs, il dit encore : « Un Etat
« est aussi bien gouverné que la faiblesse humaine
« peut le permettre, quand les tributs sont levés avec

(1 *Dict. phil.*, Beuchot, t. 30, p. 334, au mot « Impôt ».

(2) *Lettres sur les Anglais*, Beuchot, t. 37, p. 157. Lettre IX. sur le
Gouvernement.

« proportion, quand un ordre de l'Etat n'est pas favo-
« risé aux dépens d'un autre, quand on contribue aux
« charges publiques non selon sa qualité, mais selon
« son revenu » (1). Abandonnant maintenant l'allé-
gorie qu'il avait jusqu'alors employée, Voltaire attaque
directement nos institutions. Il ne comprend pas pourquoi les nobles et surtout les ecclésiastiques « qui ont
« de grands biens » ne contribuent pas, comme les
autres citoyens, aux charges publiques. « Pourquoi,
« dit-il, cette différence et cette inégalité entre les
« citoyens d'un même Etat ? Pourquoi ceux qui
« jouissent des plus grandes prérogatives et qui sont
« quelquefois inutiles au bien public, paient ils moins
« que le laboureur qui est si nécessaire? » (2).

Voltaire, qui avait vu fonctionner le régime si libéral
de l'Angleterre, ne pouvait point admettre sans pro-
tester le système financier de notre ancien régime
avec ses abus, ses privilèges, ses inconséquences de
toutes sortes. Bien des fois il opposa avec avantage les
institutions anglaises aux nôtres, et nous venons d'en
voir un exemple. Mais Voltaire continue, et toujours
guidé par le souvenir du système anglais, nous allons
le voir maintenant se faire le partisan du vote de
l'impôt.

Le Parlement anglais, depuis bien longtemps, avait
acquis le rare privilège de consentir annuellement
l'impôt, alors que nos Etats généraux, vaincus par la
royauté, non seulement n'avaient jamais obtenu un tel

(1) *Lettre à l'occasion du vingtième*, Beuchot, t. 39, p. 121.
(2) *Dict. phil.*, Beuchot, t. 30, p. 340, au mot « Impôt ».

avantage, mais n'avaient pas été convoqués depuis 1614.

Une telle différence frappa l'esprit si judicieux et si observateur de Voltaire, et s'il ne demande pas ouvertement le vote de l'impôt, son idée cependant transpire à chaque ligne. On sent chez lui une préférence bien marquée pour un système où la nation consentirait elle-même l'impôt par la voie de ses représentants.

En Angleterre, nous dit-il, il n'y a point de taille ni de capitation arbitraire, tous les impôts sont réglés par la Chambre des Communes ;... c'est un gros avantage, car les impôts n'étant plus soumis aux caprices d'un monarque ou de son conseil varient très peu (1). « Aussi tout le monde est heureux. Personne ne se « plaint, et le paysan ne craint point d'augmenter le « nombre de ses bestiaux, ni de couvrir son toit de « tuiles, de peur que l'on ne hausse les impôts l'année « d'après » (1). Ailleurs, il dit encore : « Dans les « républiques, chacun est taxé suivant ses forces et « suivant les besoins de la société... Dans les royaumes « despotiques ou, pour parler plus poliment, dans les « Etats monarchiques, il n'en est pas tout à fait de « même : On taxe la nation sans la consulter. Un « agriculteur qui a 1.200 livres de revenu est tout « étonné qu'on lui en demande 400, si ce n'est pas la « moitié... S'il réclame, on l'enferme dans un cachot « et on fait vendre ses meubles » (2).

---

(1) *Lettres sur les Anglais*, Beuchot, t. 37, p. 157. Lettre IX, sur le Gouvernement.

(2) *Dict. phil.*, Beuchot, t. 30, p. 335, au mot « Impôt ».

Qu'est-ce à dire, sinon que Voltaire était partisan du vote de l'impôt ?

Jusqu'ici, les idées émises par notre auteur sont de la plus parfaite exactitude : Egalité devant l'impôt et exclusion des privilèges, proportionnalité, vote de l'impôt... tous ces principes seront sanctionnés par les assemblées révolutionnaires et se retrouveront désormais dans toutes les Constitutions postérieures. Mais Voltaire n'en reste pas là. Après avoir ainsi examiné avec justesse quelques caractères de l'impôt, il se pose cette question : Qu'est-ce qu'un impôt ? La réponse sera plutôt bizarre et nous allons le voir soutenir une théorie formellement condamnée par les principes élémentaires de la science financière.

« Qu'est-ce qu'un impôt ? C'est une certaine quantité
« de blé, de bestiaux, de denrées que les possesseurs
« de terres doivent à ceux qui n'en ont point. L'ar-
« gent n'est que la représentation de ces denrées.
« L'impôt n'est donc réellement que sur les riches ;
« vous ne pouvez pas demander aux pauvres une par-
« tie du pain qu'il gagne et du lait que les mamelles
« de sa femme donnent à ses enfants. Ce n'est pas sur
« le pauvre, sur le manœuvre qu'il faut imposer une
« taxe, il faut, en le faisant travailler, lui faire espérer
« d'être un jour assez heureux pour payer des taxes.
« Le peuple le plus heureux doit être celui qui paie le
« plus, c'est incontestablement le plus laborieux et le
« plus riche. (1) »

Le début de cette citation émet un principe de jus-

(1) *Dialogue entre un philosophe et un contrôleur général*, Beuchot, t. 39, p. 398.

tice indiscutable : c'est que le pauvre doit payer moins que le riche et même ne point payer du tout s'il ne possède rien. Mais Voltaire déclare en terminant que le peuple le plus heureux est celui qui paie le plus d'impôts. Qu'il soit présumé le plus riche, soit. Mais parce qu'il paie de lourds impôts en est-il pour cela plus heureux ?... S'il en était ainsi, on arriverait à absorber par l'impôt les revenus du contribuable sous le fallacieux prétexte de lui donner plus de bonheur.

Voltaire cependant est intimement persuadé de cette idée ; en outre, il considère l'impôt tantôt comme un « *stimulant* », tantôt comme « *le meilleur des placements.* »

Ces deux idées doivent être également rejetées.

L'impôt, en effet, n'est pas un stimulant pour le travail, puisqu'il est une charge pécuniaire ; or, toute charge pécuniaire est une entrave.

L'impôt n'est pas non plus le meilleur des placements, car, si cette théorie était exacte, l'Etat devrait confisquer la fortune des particuliers sous prétexte qu'il la gère mieux qu'eux (1). Mais Voltaire ne s'arrête point à ces considérations.

« Qu'est-ce qu'un impôt justement établi et qui ne « gêne point le commerce, dit-il ? C'est une partie de « son bien qu'on dépense pour faire valoir l'autre. La « nation entière est précisément semblable au cultiva- « teur qui sème pour recueillir. Si le cultivateur paie « le dixième de sa récolte, il vend sa récolte un

---

(1) Ducrocq et E. Petit, *Cours de droit administratif*, t. 5, p. 286.

« dixième plus cher ; l'artisan taxé vend son travail à
« proportion de sa taxe... (1) »

Malheureusement, il n'en est pas ainsi et Voltaire
ne connaissait point la grande loi de substitution des
besoins. Si un produit coûte trop cher, on le remplace
par un autre ou bien on n'achète pas ; finalement,
c'est le cultivateur et l'artisan qui perdront, car non
seulement ils ne pourront pas vendre leurs produits,
mais encore ils devront payer l'impôt. Mais tout cela
n'est pas un inconvénient pour Voltaire. Dans tous
les pays policés, nous dit-il, les impôts sont très éle-
vés, parce que les charges de l'Etat sont très pesantes.
En Espagne, notamment les objets de commerce qu'on
envoie à Cadix et de là en Amérique paient plus de
30 0/0... Les contribuables souffrent et se plaignent,
tout le monde crie contre l'impôt, et, cependant, il se
trouve au bout de l'année que tout le monde a travaillé et a vécu bien ou mal, car c'est celui qui paie
qui profite de ce qu'il a donné (2). Ailleurs encore, il
dira : « Ce ne sont point les impôts qui affaiblissent
« une nation, c'est, ou la manière de les percevoir, ou
« le mauvais usage qu'on en fait. Mais si le roi se
« sert de cet argent pour embellir la capitale, pour
« achever le Louvre, pour perfectionner ces grands
« chemins qui font l'admiration des étrangers, pour
« soutenir les manufactures et les beaux-arts, en un
« mot, pour encourager de tous côtés l'industrie, il
« faut avouer qu'un tel impôt qui paraît un mal à

---

(1) *Dialogue entre un philosophe et un contrôleur général*, Beuchot,
t. 39, p. 397.
(2) *Dict. phil.*, Beuchot, t. 30, p. 330-338, au mot « Impôt ».

« quelques-uns aura produit un très grand bien à
« tout le monde. Le peuple le plus heureux est celui
« qui paie le plus et qui travaille le plus quand il paie
« et travaille pour lui-même. (1) »

Voltaire est donc persuadé de cette idée qu'un im·
pôt, si lourd soit-il, ne sera jamais ruineux pour les
contribuables. C'est un placement avantageux qu'ils
font entre les mains de l'Etat. Muni des sommes ainsi
prélevées sur les contribuables, l'Etat les fera fructifier, il les rendra sous forme de travaux publics, de
primes à l'industrie et au commerce, de constructions
navales, etc...; aussi, plus la nation paiera, plus elle
sera heureuse. Voltaire ne se demande pas si un impôt trop lourd sera facile à recouvrer, s'il ne décou-
ragera pas l'épargne ; il ne se demande pas enfin si
l'industrie et le commerce qu'il prétend favoriser ne
seront pas au contraire paralysés. Un impôt trop
lourd a, en effet, pour conséquence inévitable l'élévation des prix et cette élévation des prix rend les débouchés plus rares. L'industrie et le commerce ne peuvent donc que péricliter, puisque le nombre de leurs
débouchés diminuera.

Voltaire, en soutenant cette théorie erronée, n'a
même pas l'excuse de l'irréflexion ; cette idée revient,
en effet, fréquemment dans ses écrits. En 1775, c'est-
à-dire à la fin de sa vie, il écrivait encore dans sa
Diatribe à l'auteur des Ephémérides : « Un paysan ou
« un bourgeois, quand il paie une taxe, s'imagine qu'on
« le vole, comme si cet argent était destiné à enri-

---

(1) *Lettre à l'occasion du vingtième*, Beuchot, t. 39, p. 120.

« chir nos ennemis. On ne songe pas que payer des
« taxes au roi, c'est les payer à soi-même, c'est con-
« tribuer à la défense du royaume, à la police des
« villes, à la sûreté des maisons et des chemins, c'est
« mettre une partie de son bien à entretenir l'au-
« tre (1). »

Telles sont les idées générales de Voltaire sur l'impôt. Il soutient cette idée fausse et dangereuse qu'un
impôt n'est jamais trop lourd, parce qu'il y a équiva-
lence entre l'argent donné par les particuliers et les
avantages rendus par l'Etat ; mais il soutient aussi avec
plus de raison que les impôts ne doivent pas être
arbitraires et vexatoires, et que leur recouvrement ne
doit pas être dispendieux à l'excès.

Il nous reste maintenant à examiner une double
question qui se déduit de ces théories générales.

III.

Voltaire et le pays de Gex.

« Le grand point, dit Voltaire, c'est que les taxes
« soient proportionnellement réparties » (2). Parmi les
nombreux impôts de l'ancien régime, deux surtout
attirèrent l'attention de Voltaire par leurs caractères

---

(1) *Diatribe à l'auteur des Ephémérides*, Beuchot, t. 48, p. 103.
(2) *Dict. phil.*, Beuchot, t 30, p. 336, au mot « Impôt ».

défectueux : les aides et les gabelles. Ce n'est point
que Voltaire fût hostile aux impôts indirects, mais il
s'éleva uniquement contre les vices intolérables de ces
deux impôts.

En arrivant dans le pays de Gex, Voltaire s'était
imposé la louable tâche de lui venir en aide. Ce pays
en effet, non seulément était deshérité par sa situation
géologique, mais là plus qu'ailleurs le despotisme des
agents du fisc pesait impitoyablement sur les habitants
de ce sol ingrat. L'impôt du sel, si généralement odieux,
rendait la condition de ces pauvres gens impossible, à
cause de leur situation de pays frontière. La plupart
des paysans abandonnaient la culture et se faisaient
contrebandiers. La grande disproportion entre le sel
de France et le sel de Suisse les engageait à tromper
la surveillance des agents du fisc, malgré la perspective de la potence. Voltaire, en arrivant dans le pays,
vit tout de suite le mal occasionné par la gabelle, et
avec son impétuosité habituelle il résolut de trancher
la question. Déjà, en 1761, il écrivait à M. Bouret pour
obtenir un abonnement du sel forcé (1). Les fermiers
généraux ne voulurent pas acquiescer à la demande
de Voltaire, et malgré ses demandes réitérées il n'aurait point été écouté, lorsque Turgot arriva au contrôle
général. Cet avénement ranima son espoir et son
courage. Il adressa dès lors une quantité de suppliques
et de mémoires au roi et à Turgot, tantôt pour demander la réduction du sel, tantôt pour faire changer le

---

(1) *Correspondance*, Beuchot, t, 60, p. 70. (Lettre à M. Bouret, 2) novembre 1761).

sel de Provence en sel de Peccais, tantôt pour demander
un abonnement... (1).

La plus grande partie de ces suppliques tendaient à
obtenir un abonnement général du sel qui eût délivré
le pays de Gex de « l'armée des aides et gabelles », et
rendu le bonheur et la tranquillité à ces paysans continuellement en fraude.

Turgot écouta avec bienveillance le patriarche de
Ferney et lui accorda ce qu'il demandait avec tant
d'insistance. En 1775, le pays de Gex obtenait un tarif
fixe et modéré, grâce aux démarches et au dévouement
de Voltaire, et en dépit de la résistance de la ferme générale. Des lettres-patentes du 22 décembre 1775 ordon-
naient en effet qu'en matière de droits de ferme et à
compter du 1er janvier 1776, le pays de Gex serait
réputé pays étranger et que la vente exclusive du sel
et même du tabac y serait supprimée.

Cette suppression, qui donnait la liberté au pays de
Gex et l'affranchissait pour toujours de la ferme générale, ne pouvait point se faire sans indemnité. L'indemnité fut un abonnement de trente mille livres que

(1) *Lettres et Mémoires concernant le pays de Gex* : 1° Lettre écrite
à M. Turgot, contrôleur général des finances, par MM. les syndics généraux
du clergé, de la noblesse et du tiers-état du pays de Gex. 26 nov. 1774. —
2° Note concernant le pays de Gex, 1775.— 3° Mémoires sur le pays de Gex.
— 4° Mémoires des Etats du pays de Gex, 1775. — 5° Mémoires du pays de
Gex, 1775. — 6° A M. Turgot, ministre d'Etat, 1776. — 7° Mémoire à M.
Turgot. — 8° Prières et questions adressées à M. Turgot, contrôleur général,
1776. — 9° Supplique à M. Turgot, 1776. — 10° Déclaration des Etats de
Gex, du 14 mars 1776, à Mgr le contrôleur général. — 11° A M. Turgot —
12° Remontrances du pays de Gex au Roi, 1776. — 13° les édits de S. M.
Louis XVI pendant l'administration de M. Turgot, 1775.

le pays devait verser tous les ans à la ferme générale. (1)

Ces démarches nombreuses de Voltaire pour obtenir
la suppression de la gabelle dans sa région, n'étaient
point restées secrètes. Frédéric II lui écrivait, le
4 décembre 1775, quelques jours avant les lettres-
patentes qui affranchissaient le pays de Gex :

« Je vous félicite, mon cher Voltaire ; on m'assure
« que vous êtes devenu directeur des impôts dans le
« pays de Gex, que vous réduisez toutes les taxes sous
« un seul impôt... Les bons esprits sont propres à tous
« les emplois. Un raisonnement juste, des idées nettes
« et un peu de travail servent également pour les arts,
« pour la guerre, pour les finances et pour le com-
« merce (2). »

Après avoir obtenu ce qu'il avait tant sollicité,
Voltaire fait part à ses amis de son heureuse réussite,
et il crie sa joie à qui veut l'entendre. C'est ainsi qu'il
écrit à La Harpe, au début de l'année 1776 : « Savez-
« vous bien que nous sommes libres à présent à Ferney
« comme on l'est à Genève ? J'ai eu le bonheur d'ob-
« tenir de M. Turgot qu'il nous délivrât de l'armée des
« aides et gabelles. Il est le bienfaiteur des peuples, et
« il doit avoir contre lui les talons rouges et les bonnets
« carrés (3). »

Quelques jours après. il écrivait encore : « Dans notre
« pauvreté, 28 paroisses ont chanté 28 fois *Te Deum*, et
« on a crié 28 fois : Vivent le Roi et M. Turgot ! Nous

---

(1) Collection des Economistes. Librairie Guillemin, t. 5.
(2) *Correspondance*, Beuchot, t. 69, p. 431. Lettre de Frédéric II, 4 déc 1775.
(3) Id., t. 69, p. 515. Lettre à La Harpe, 12 fév. 1776.

« paierons avec allégresse 30.000 livres à messieurs
« les soixante sous-rois, parce que nous sommes fort
« aises de mourir de faim en étant délivrés de soixante
« coquins qui nous faisaient mourir de rage. (1) »

Voltaire sans doute est heureux de son succès, et ces
quelques lignes en font foi, mais il est encore plus
heureux du bonheur et du soulagement qu'il a procuré
à son peuple. Les habitants du pays de Gex, d'ailleurs,
ne lui cachèrent point leur joie et leur gratitude.
Voltaire revenait des Etats de Gex où il avait annoncé
l'heureuse solution de ses démarches ; la nouvelle,
rapide comme la foudre, avait devancé sa voiture, et
c'est au milieu d'une foule en délire qu'il rentra à
Ferney. Les habitants se réunissaient à son passage et
couraient derrière sa voiture en criant : Vive le Roi !.
Vive Voltaire ! On orna ses chevaux de lauriers et de
fleurs, on en combla sa voiture La bourgeoisie de
Ferney, venue à son avance, l'escortait à cheval. Dans
tous les villages, dans les plus petites bourgades, ce
furent les mêmes acclamations et la même profusion
de fleurs (2).

Adversaire de la gabelle, Voltaire était également
l'adversaire des impôts sur les boissons. Les aides,
sans être aussi impopulaires que la gabelle, étaient
cependant mal vus sous notre ancien régime à cause
de l'infinie variété des taxes. L'impôt sur le vin et
l'impôt sur le cidre formaient le principal élément
des aides. « Nos lois sur la soif, dit-il, sont plus belles
« que vous ne pensez. Dès que nous avons fait la

---

(1) *Correspondance*, Beuchot, t. 69, p. 527. Lettre à M. de Fargès, 25 fév.1776.
2) Desnoireterres, *Voltaire et la Société au XVIIIe siècle*, t. 8, p. 77.

« vendange, les locataires du royaume nous députent
« des médecins qui viennent visiter nos caves. Ils
« mettent à part autant de vin qu'ils jugent à propos
« de nous en laisser boire pour notre santé. Ils revien-
« nent au bout de l'année, et, s'ils jugent que nous
« avons excédé d'une bouteille l'ordonnance, ils nous
« condamnent à une forte amende, et, pour peu que
« nous soyons récalcitrants, on nous envoie à Toulon
« boire de l'eau de mer. (1) »

De tout cela, il ressort nettement que Voltaire n'aimait point les aides et la gabelle, mais il ressort aussi
qu'il n'aimait guère davantage les fermiers généraux,
ces « soixante sous-rois », ces « soixante coquins »,
comme il les appelle lui-même. Ces attaques directes
aux fermiers généraux nous montrent que Voltaire
était hostile au mode de recouvrement des impôts de
notre ancien régime. C'est la question qu'il nous faut
maintenant examiner.

IV.

Voltaire et les Traitants.

Sous l'ancien régime, les impôts indirects n'étaient
point perçus à l'aide d'une savante hiérarchie de fonc-
tionnaires dépendant du pouvoir central, comme ils
le sont aujourd'hui.

La perception des impôts indirects était confiée à

---

(1) Dict. phil., Beuchot, t. 30, p. 102, au mot « Gouvernement ».

des fermiers ou traitants avec qui le pouvoir royal traitait à forfait. Ce système avait un double inconvénient ; il était onéreux pour l'État, car les fermiers réalisaient de gros bénéfices qui étaient ainsi frustrés au trésor royal ; il était également funeste aux contribuables, car les traitants ayant la force publique à leur disposition poursuivaient les insolvables avec la dernière âpreté. De là, cette législation terrible sur les sels, sur les vins, sur les douanes, etc... La législation sur les sels était peut-être le monument le plus effroyable de la fiscalité humaine : obligation de consommation, fixation arbitraire du prix, obligation de livraison a lieu et jour voulus, et, en cas de contrebande, une seule peine, le gibet... (1).

On comprend dès lors que Voltaire ait demandé la suppression de la gabelle pour ses compatriotes du pays de Gex, on comprend aussi qu'il ait attaqué ceux qui avaient à leur disposition une législation aussi terrible : les traitants.

Les traitants formaient l'aristocratie financière du dix-huitième siècle. C'est à ce groupe qu'ont appartenu les Caumartin, les Dupin, les frères Pâris, les Delahante, etc..., et il est assez original de voir Voltaire les attaquer, les traiter de coquins (2), de tigres subalternes (3), les appeler avec dérision les locataires du royaume (4), alors qu'il vivait dans leur intimité et

(1) Fournier de Flaix, *La réforme de l'impôt en France*, p. 41.
(2) *Correspondance*, Beuchot, t. 60, p. 527. (Lettre à M. de Fargès. 25 fév. 1776.)
(3) *Dict. phil.*, Beuchot, t. 32, p. 408, au mot « Tyran ».
(4) Id., t. 30, p. 102, au mot « Gouvernement ».

que c'est grâce à eux qu'il édifia la première base de
sa fortune.

Sans doute, Voltaire ne leur fait pas une attaque
réglée; il y était retenu, soit par les convenances, soit
par les relations d'amitié qu'il avait avec la plupart
d'entre eux ; mais sa pensée perce à chaque mot et
on ne traite pas ses amis de pandoures, de charlatans
et de coquins si on les croit sans reproche. Faisant
l'apologie du siècle de Louis XIV, Voltaire dit qu'un
des torts du Parlement avait été de ne point faire sentir au souverain les malheurs que des impôts arbitraires pouvaient amener et « les périls encore plus
« grands de la vente de ces impôts à des traitants qui
« trompaient le roi et opprimaient le peuple (1) ». Et
quelques pages plus loin, il ajoute : « Les traitants
étaient des charlatans qui trompaient le ministère (2). »
Dans le *Dictionnaire philosophique*, il disait encore en
parlant d'eux « qu'il valait mieux avoir à faire à une
« seule bête féroce, qu'on pouvait éviter, qu'à une
« bande de petits tigres subalternes qu'on trouvait
« sans cesse entre ses jambes (3). »

Ces attaques à l'adresse des fermiers généraux sont
d'autant plus curieuses à noter sous la plume de Voltaire que c'est grâce à eux qu'il put amasser la fortune immense qu'il laissait à sa mort.

C'est ainsi qu'il sollicita et obtint des fermiers généraux, pour son cousin Marchand, des fournitures de

---

(1) *Siècle de Louis XIV*, Beuchot, t. 20, p. 275.
(2) Id., t. 20. p. 282.
(3) *Dict. phil.*, Beuchot, t. 32, p. 408, au mot « Tyran ».

fourrages pour l'armée. Le ministre avait, de son côté, accordé au cousin de Voltaire et à un nommé Derin, qu'il s'était associé, une fourniture de 10.000 habits pour les milices... (1). Voltaire avait naturellement sa part dans ces spéculations qui étaient pour lui péché d'habitude. En effet, en 1734, durant la première guerre d'Italie, il s'était associé avec les frères Pâris qui devaient fournir des vivres à l'armée, et pour solde de compte au règlement définitif. Voltaire touchait 600.000 livres (2). En 1741, mêmes tripotages et mêmes gains. Pendant la guerre de sept ans, il spécule encore, et comme le dit M. Brunetière : « Si « l'infanterie de Rosbach n'avait « ni subsistances ni « souliers », si la cavalerie « manquait de bottes » et « si l'armée ne vivait enfin que de « maraudes excé-« crables », n'est-il pas plaisant d'apprendre que Vol-« taire en a sa part de responsabilité (3) ? » Si, évidemment, et c'est un côté bien original du caractère de Voltaire ; cependant, il ne faisait qu'employer avantageusement ses capitaux et ses hautes amitiés, et malgré tout, sa mémoire n'aurait point été accablée par de telles spéculations s'il n'avait pas combattu et stigmatisé ces mêmes traitants qui étaient ses amis et dont il se servait pour arrondir sa fortune. C'est précisément cette inconséquence entre sa vie et ses écrits qui est intéressante à relever. En 1759, sans pitié pour les frères Pâris qui lui avaient évité de perdre sa for-

---

(1) *Correspondance*, Beuchot, t. 54, p. 510, (Lettre à d'Argenson, 1743.)
(2) Longchamp et Wagnière, *Mémoires*, t. 2, p. 331.
(3) Brunetière, *Etudes critiques sur la littérature française*, t. 1, p. 264.

tune dans les spéculations de Law, qui lui avaient
accordé des parts dans les fournitures de l'armée, il
écrivait au président de Brosses : « Les peuples seront-
« ils encore longtemps ruinés, pour aller se faire
« bafouer, abhorrer et égorger en Germanie, et pour
« enrichir Marquet et sa compagnie... »

Et Páris et fratres et qui rapuere sub illis (1).

C'est, sans aucun doute, une heureuse réminiscence
de collège, mais ou Voltaire a peu de mémoire, ou il
se moque du monde. Allant au président de Brosses,
cette lettre a évidemment fort bon air et ne manque
pas d'austérité philosophique ; mais pour ceux qui
connaissent les spéculations et les tripotages de Voltaire à l'époque même où il écrivait cette lettre, quel
comique de situation n'y a-t-il pas dans ce *rapuere sub
illis !*

Ce qui est certain, c'est que Voltaire hérita de son
père de 5 à 6.000 livres de rente ; il en avait 80.000
en 1740 et en laissa plus de 160.000 à sa mort (2), et
encore nous ne comptons pas les nombreuses dotations
qu'il avait faites, entre autres les 20.000 livres de rentes
données en mariage à Mlle Corneille.

Cette fortune, énorme pour l'époque, n'avait été
acquise qu'en brassant ces sortes d'affaires dont nous
parlions tout à l'heure et qu'on négocie sous le man-
teau. Malgré sa grosse fortune, Voltaire se plaint cepen-

---

(1) Foisset, *Voltaire et le président de Brosses*, p. 61, 5 janv. 1759.
(2) Collé, *Journal historique*, t. 3, p. 397.

dant d'être dans la misère (1) ; mais il ne faut pas faire attention aux boutades de cet esprit capricieux. Voltaire, par principe, se plaint toujours de quelque chose. Dans toutes ses lettres, depuis 1740, il s'écrie qu'il va mourir et il vécut jusqu'en 1778 ; ailleurs, il raconte qu'il devient aveugle, et à 80 ans passés il lisait sans lunettes ; aujourd'hui, il se plaint d'être sans argent et il possède 160.000 livres de rentes.

Telles sont les quelques idées générales que nous avons pu relever dans Voltaire sur l'impôt, sur son influence économique dans le pays de Gex et ses relations avec les fermiers généraux.

Avant de terminer ce chapitre uniquement consacré à l'impôt, nous devons dire un mot rapide de deux questions connexes étudiées par Voltaire : l'emprunt et les caisses d'amortissement.

1° Emprunt.

Nous avons vu tout à l'heure Voltaire se faire le défenseur de l'impôt et soutenir qu'il ne serait jamais ruineux pour un Etat, si lourd soit-il.

En vertu du même principe erroné, il va mainte-

---

(1) *Correspondance*, Beuchot, t. 65, p. 36, Lettre à Choiseul, 1ᵉʳ av. 1768.

nant se faire le défenseur de l'emprunt et soutenir
que non seulement il n'est pas un mal, mais un
moyen d'enrichissement pour un Etat.

Parlant des dettes que Louis XIV avait laissées à sa
mort, il dit que ces dettes n'ont point diminué la
richesse génerale, car « un Etat qui ne doit qu'à lui-
« même ne peut s'appauvrir et ses dettes mêmes sont
« un nouvel encouragement à l'industrie (1). »

Aussi Voltaire encourage le roi à faire de nombreux
emprunts, car c'est le moyen de faire de grands travaux et d'embellir le royaume. Il conseille en particulier aux Parisiens d'emprunter pour embellir leur cité.
C'est dans ce but qu'il a écrit un petit opuscule intitulé : *Les Embellissements de Paris* (2). Il déclare dans
cette brochure qu'il est honteux pour les Parisiens
qu'ils ne se taxent pas eux-mêmes pour agrandir leur
ville, pour avoir de l'eau dans les maisons, des théâtres
« dignes des pièces qu'on y joue », des places, des
fontaines, des rues... Ces travaux sont indispensables,
mais on recule devant la dépense. « Cependant, dit
« Voltaire, il est bien certain qu'il n'en coûtera rien
« à l'Etat. L'argent employé à ces nobles travaux ne
« sera certainement pas payé à des étrangers......
« Mais bien loin que l'Etat perde à tous ces travaux, il
« y gagne ; tous les pauvres sont alors utilement
« employés, la circulation de l'argent en augmente et
« le peuple qui travaille le plus est le plus riche (2). »

---

(1) *Observations sur MM. Law, Mélon, Dutot*, Beuchot, t. 37, p. 544.
(2) *Les Embellissements de Paris*, Beuchot, t. 39, p. 98.

Mais où trouver les fonds ? C'est alors que Voltaire
propose au corps de ville de mettre des taxes sur les
habitants, les maisons, les denrées, ou bien d'emprunter, soit en rentes viagères, soit en rentes tournan-
tes, etc… Enfin, dit-il, le roi devra concourir à ces
nobles travaux ; les projets devront être reçus au
concours ; les travaux seront faits par adjudication…
et on fera de Paris la merveille du monde. Mais
retenons bien que si la ville de Paris s'endette,
ce sera un bien pour elle, car elle retirera cent
fois les sommes engagées par les nouveaux avantages que donneront les travaux exécutés. C'est une
partie de sa fortune qu'elle mettra pour faire fructifier
l'autre (1).

Cependant Voltaire est sceptique sur la réalisation
de tous ces beaux projets, car dans un autre passage
nous relevons cette note d'amertume : « L'amour du
« bien public est une chimère chez nous. Nous ne
« sommes pas des citoyens, nous ne sommes que des
« bourgeois ! (2). »

Cette façon d'envisager l'emprunt est une suite
logique de sa théorie sur l'impôt. Après s'être fait le
défenseur des impôts, après avoir prétendu qu'ils
étaient un bien dans un Etat, Voltaire ne pouvait
point condamner l'emprunt. Loin de le condamner,
en effet, il en fit une apologie et tomba dans la même
exagération qu'en matière d'impôts.

---

(1) *Les Embellissements de Paris*, Beuchot, t. 39, p. 98.
(2) *Siècle de Louis XIV*, Beuchot, t. 20, p. 241.

2° *Caisse d'amortissement.*

Après la paix d'Aix-la-Chapelle, en 1748, l'impôt du dixième, qui avait été établi pour le temps de la guerre, fut supprimé. M. de Machault, qui était alors contrôleur général des finances, le remplaça par un impôt d'un vingtième d'une durée illimitée. Le produit de cet impôt devait alimenter une caisse d'amortissement qui, par des remboursements successifs, devait éteindre la dette publique.

Sans vouloir critiquer ici ce système qu'on considère aujourd'hui comme une fiction financière, c'était cependant une innovation faisant honneur au ministre qui la lançait. Elle fut mal accueillie du public. Mais Voltaire, qui avait compris les plans du ministre, résolut de le défendre. Dans un petit écrit intitulé : *Lettre à l'occasion du vingtième*, il montre les avantages d'une caisse d'amortissement, et, sous un style plein de grâce et de fine plaisanterie, Voltaire sut cacher des idées aussi profondes que nouvelles : « Nous avons « payé, dit-il, plus de 18 milliards sous Louis XIV, ce « qui fait 200 millions 500.000 livres par an. Malgré « cela, le royaume, à sa mort, était plus riche qu'à son « avénement. Les dettes de l'Etat, à la mort de « Louis XIV, montaient à 2 milliards. Mais ces 2 mil-« liards étaient dus par la moitié de la nation à l'autre. « Cette dette énorme donna moins de secousses à « l'Etat que le système de Law, et il eut mieux valu « continuer le dixième, pour faire un fonds d'amortis-

« sement, à la manière anglaise, que d'avoir recours
« aux dangereux et chimériques projets de Law.
« L'Angleterre paie des impôts encore plus lourds que
« nous pour soutenir son fonds d'amortissement,
« pourquoi ne voudriez-vous pas que, pour acquitter
« nos dettes, nous donnassions la moitié de ce que
« donne l'Angleterre, nous qui sommes du double plus
« riches qu'elle ? (1) »

Quoi qu'on ait abandonné aujourd'hui la pratique
des caisses d'amortissement, il faut cependant rendre
grâce à Voltaire de la bonne intention qui l'animait
et aussi de la justesse de sa pensée, car si les caisses
d'amortissement ont toujours mal fonctionné, le principe, en théorie, est d'une parfaite exactitude. Voltaire
ne pouvait pas prévoir les inconvénients qui devaient
surgir plus tard dans la pratique et faire de cette institution une illusion économique.

(1) *Lettre à l'occasion du vingtième*, Beuchot, t. 39, p. 119.

DEUXIÈME PARTIE

Voltaire et le Mercantilisme de l'école de Mélon

CHAPITRE PREMIER.

Théorie de la richesse nationale.

SECTION PREMIÈRE.

LE MERCANTILISME. LA DOCTRINE DE MÉLON (1).

Ce fut une croyance universelle du XVIᵉ au XVIIIᵉ siècle, que l'or et l'argent constituent le facteur prépondérant de la puissance politique et économique d'une nation.

La richesse d'un pays consistant dans l'abondance

---

(1) A. Dubois, *Précis de l'Histoire des doctrines économiques*, t. 1, p. 192 et suivantes.

de la monnaie, la politique économique devra donc avoir pour but son accumulation.

Cette théorie s'était naturellement développée et accréditée par suite des exemples qu'on avait sous les yeux. On voyait en effet, de petites républiques, comme Venise et Gênes, ou de petits états comme la Hollande, qui n'avaient point d'agriculture, vivre dans une somptueuse opulence, acquise évidemment par le commerce ; on voyait surtout les Espagnols qui, depuis le XVIᵉ siècle, « vivaient paresseusement des trésors du Nouveau-Monde, apportés par leurs galions à la barre de Cadix (1). » Tous ces exemples et bien d'autres que nous passons sous silence avaient vivement impressionné les esprits. On arriva donc à décider que l'or et l'argent sont la richesse par excellence et qu'il faut les accumuler dans un état, pour lui donner la prospérité et la vie. Par application de cette idée, on défendit, sous peine de mort, d'exporter l'or et l'argent... ; on interdit aux marchands étrangers qui venaient vendre leurs marchandises en France, d'emporter l'argent... ; on pratiqua le surhaussement des monnaies, etc... Mais tous ces procédés furent bien vite reconnus inefficaces. C'est alors qu'on s'aperçut que pour faire affluer les métaux précieux, il fallait vendre le plus possible à l'étranger, mais y acheter le moins possible. Il fallait, en un mot, développer à outrance l'exportation. Mais que fallait-il exporter ? Des objets manufacturés plutôt que des denrées agricoles, car la production des manufactures est indéfi-

---

(1) A Dubois, *Précis de l'Histoire des doctrines économiques*, p. 193.

niment extensible, alors que la production agricole est nécessairement limitée. Il faudra donc encourager le commerce et l'industrie, de préférence à l'agriculture. Pour arriver à cette solution, deux moyens furent employés : les droits protecteurs, les privilèges et la réglementation.

a) On taxa les produits manufacturés étrangers d'un droit très élevé à leur entrée en France ; les droits de sortie des produits nationaux furent au contraire abaissés ou même supprimés.

Les matières premières étrangères ne payaient aucun droit, mais l'exportation des matières premières nationales était interdite.

Pour favoriser l'industrie et diminuer son coût de production, on chercha les moyens d'abaisser le salaire de l'ouvrier. C'est pour arriver à ce résultat qu'on défendit la libre circulation des blés, ce qui eut pour conséquence un avilissement des prix et une diminution du prix du pain. Dès lors, le salaire de l'ouvrier pouvait être réduit.

Les colonies ne devaient faire de commerce qu'avec la métropole et ne point lui faire concurrence... etc.

b) Les manufactures étant l'unique source de la richesse nationale, il était donc juste qu'elles fussent protégées. Aussi donna-t-on des privilèges de toutes sortes, des exemptions de taxe, des subventions, des distinctions honorifiques... Le principal de tous ces privilèges fut : le monopole.

Pour assurer la bonne qualité des marchandises, des règlements innombrables venaient indiquer les moindres détails de la fabrication. Une police des grains très sévère venait réglementer l'achat ou la vente des blés. Des lois somptuaires venaient aussi réglementer et restreindre le luxe...

Tels sont les principes fondamentaux de cette doctrine ; elle apparut à la fin du XVe siècle et ne perdit sa vogue que dans la seconde moitié du XVIIIe siècle. Donc, à l'époque des premiers écrits économiques de Voltaire, c'est-à-dire vers 1734, le mercantilisme existait encore. Il avait cependant perdu peu à peu de sa pureté primitive, et un nouveau courant d'idées qui avait pour cause les nombreux inconvénients pratiques du mercantilisme, s'était formé et devait aboutir plus tard à la doctrine physiocratique. Divers écrivains de cette époque, se faisant les porte-paroles de ces idées nouvelles, se montrèrent des novateurs et furent des chefs d'école ; ainsi en fut-il pour Law et Mélon.

Law fut le créateur d'une théorie de la richesse nationale fort originale.

L'or et l'argent avaient été jusque là considérés comme les seuls facteurs de la richesse, et leur accumulation était considérée comme indispensable. Law renouvela cette doctrine vieillie. Il décida que la monnaie n'était pas en elle-même une richesse mais un instrument puissant pour sa création. Comment obtenir la multiplication de cet instrument producteur si merveilleux ? Abandonnant tous les vieux procédés mercantilistes jusqu'alors employés, il déclarait que le seul moyen pratique d'accroître indéfiniment la richesse nationale était d'émettre du papier monnaie. La richesse nationale sera donc en rapport constant avec la plus ou moins grande quantité de papier émis. Avec cette monnaie, si facile à obtenir, Law se proposait de relever l'agriculture, le commerce et l'industrie (1).

Mélon fut un disciple de Law, mais un disciple réformateur et intelligent. La doctrine de Mélon, qui exerça une influence considérable sur Voltaire, fut condensée dans un petit ouvrage intitulé *Essai politique sur le commerce*. Cet ouvrage, qui parut en 1734, fut chaudement accueilli par le public, et Voltaire qui suit toujours l'opinion, se montra enthousiasmé de cette publication : « L'*Essai sur le commerce* de M. Mélon, disait-il, est l'ouvrage d'un homme d'esprit, d'un citoyen, d'un philosophe. (2) »

Les éloges distribués par Voltaire sont de rares exceptions égarées au milieu des critiques dont il fut prodigue, et pour qu'il parle en termes aussi flatteurs de Mélon, il faut que l'ouvrage de ce dernier ait produit grande impression sur son esprit. Ce qui est certain, c'est que beaucoup des idées de Voltaire ne sont qu'une réminiscence des lectures de Mélon ; d'ailleurs, il resta toute sa vie fidèle à la doctrine économique qu'il s'était formée de 1734 à 1738, sous l'influence de cet auteur.

Mélon déclare, à la suite de Law, que les métaux précieux ne sont pas une véritable richesse. La monnaie n'est qu'un instrument, et par « richesses » il faut entendre tout ce qui est propre à satisfaire nos besoins

---

(1) Law, *Considérations sur le numéraire*, chap. 7, (G. 1843, p. 535 et suiv.)

(2) *Observations sur MM. Jean Law, Mélon et Dutot*, Beuchot, t. 37, p. 529.

Il faut donc rechercher l'accumulation de l'or et de l'argent, mais seulement dans une certaine mesure, car « si l'argent devenait commun comme les pierres « ou même comme le fer, il ne pourrait plus être « commune mesure des denrées, parce qu'il serait « donné sans mesure ; il faudrait revenir à un autre « gage moins commun » (1). Mélon préconise l'emploi du papier-monnaie dans le cas où la monnaie serait insuffisante, mais, plus modéré que Law, il restreint son émission à cette seule hypothèse (1).

Quelle est la politique économique de Mélon ? Il demande en principe la liberté commerciale, mais il ne veut pas que cette liberté dégénère en licence. La liberté doit être conforme au bien général. « *Salus populi suprema lex esto* » (2), et il en résulte de telles exceptions à la règle qu'elles la détruisent. Il se demande s'il ne conviendrait pas de rétablir l'esclavage tel qu'il existait dans l'antiquité ; « l'égalité, dit-il, est une chimère » et l'esclavage serait d'une très grande utilité sociale (3).

Il voudrait moins de rigueur dans le régime des corporations ; l'abus seul est nuisible (4).

L'agriculture, « qui ne peut être négligée sans des pertes irréparables », doit occuper le premier rang dans les préoccupations des gouvernements (5). Il demande pour elle la liberté du commerce intérieur des grains,

---

(1) Mélon, *Essai politique sur le commerce*, éd. 1761, chap. 24, p. 354.
(2) Id., chap. 11, p. 151 et suiv.
(3) Id., chap. 5, p. 50.
(4) Id., chap. 8, p. 102.
(5) Id., chap. 24, p. 343.

ce qui fera monter le prix du blé, car, dit-il, « l'avilissement des grains est également pernicieux aux pauvres et aux riches (1). »

Enfin, disons en terminant, qu'il fit un plaidoyer chaleureux en faveur du luxe et condamna les lois somptuaires, défendues par les mercantilistes (2).

Toutes ces idées, sauf ce qui concerne l'esclavage, seront, à peu de chose près, celles de Voltaire ; en étudiant désormais sa théorie, nous pourrons voir la proche parenté qui existe entre ces deux auteurs.

SECTION II.

EN QUOI CONSISTE LA RICHESSE NATIONALE.

Voltaire, qui avait été le panégyriste de Mélon, ne devait pas tarder à manifester, lui aussi, son opinion sur le mercantilisme.

A la suite de son maître, il déclare que l'or et l'argent ne sont point l'unique richesse d'un Etat, que les pro-

(1) Mélon, *Essai politique sur le commerce*, chap. 24 p. 326.
(2) Id., chap. 9, p. 105 et suiv.

cédés des mercantilistes pour faire abonder les métaux
précieux sont des procédés arriérés et barbares, et il
établit une théorie de la richesse qui sera, à coup sûr,
la plus conforme aux vrais principes économiques de
toutes les théories contemporaines : « La vraie richesse
« d'un royaume, dit-il, n'est pas dans l'or et dans
« l'argent... Il n'y a pas longtemps qu'on a vu sur la
« rivière de La Plata un régiment espagnol dont les
« officiers avaient des épées d'or, mais ils manquaient
« de chemises et de pain. (1) » Et Voltaire cite l'exemple de l'Espagne qui crut s'enrichir en accumulant les
métaux précieux importés des colonies : « Personne
« n'ignore quel vaste et malheureux empire les rois
« d'Espagne acquirent aux deux extrémités du monde,
« sans sortir de leur palais ; combien l'Espagne fit
« passer d'or, d'argent, de marchandises précieuses en
« Europe, sans en devenir plus opulente.... (2) » Sans
doute, au début « les premiers possesseurs de mines
« sont réellement plus riches que les autres, ayant
« plus de gages d'échanges entre leurs mains ; mais
« les autres peuples aussitôt leur vendent leurs denrées
« à proportion, en très peu de temps l'égalité s'éta-
« blit.... (2) »

Les métaux précieux ne sont donc pas l'unique
richesse d'un Etat, comme le prétendaient les mercantilistes, et Voltaire va même jusqu'à dire que leur

---

(1) *Dialogue entre un philosophe et un contrôleur général*, Beuchot,
t. 39, p. 393.
(2) *Fragments sur quelques révolutions dans l'Inde*, Beuchot, t. 47,
p. 298.

abondance est absolument indifférente à la prospérité
publique (1).

Cependant il ne donne pas complètement tort
aux mercantilistes, et il reconnaît que dans certaines
hypothèses il serait bon d'accumuler l'or et l'argent
et d'interdire leur sortie.

Il serait bon tout d'abord d'accumuler la monnaie
au moment d'une guerre, car la nation qui a le plus
de réserves monétaires pourra acheter davantage
d'alliés ou de troupes étrangères. Ce sera une chance
de plus pour la victoire (1).

Il serait bon aussi d'interdire la sortie de la monnaie
quand elle va chez nos voisins payer le luxe que nous
achetons chez eux. « Une autre cause de notre pauvreté,
« dit-il, est dans nos besoins nouveaux. Il faut payer à
« nos voisins quatre millions d'un article et cinq ou
« six d'un autre pour mettre dans notre nez une
« poudre puante venue d'Amérique... Le café, le thé,
« le chocolat... les épiceries nous coûtent plus de
« soixante millions... (2) »

Mais ce ne sont que deux exceptions auxquelles
Voltaire attache lui-même peu d'importance, car il est
facile de remédier à l'inconvénient qu'elles présentent.
Le remède, c'est le papier-monnaie. Si, à un moment
donné, le numéraire est insuffisant, s'il vient à manquer pour une raison quelconque, il suffira d'émettre
du papier-monnaie. C'est ici que nous voyons toute la
clairvoyance de Voltaire ; il osa féliciter Law et vanter

---

(1) *Dialogue entre un philosophe et un contrôleur général*, Beuchot,
t. 39, p. 393 ; t. 41, p. 177.
(2) *L'Homme aux quarante écus*, Beuchot, t. 34, p. 7.

son système à une époque où le fameux banquier était
tombé et chargé de l'opprobe générale. « Le papier
« public, dit-il, est à l'argent ce que l'argent est aux
« denrées, une représentation, un gage d'échange. (1)»
Il en vante les avantages : facilité de transport et
facilité de paiement, et il ne craint pas de dire que
le système de Law, contenu dans de justes limites,
aurait produit beaucoup de bien : « Un Ecossais,
« homme utile et dangereux, établit en France le
« papier de crédit ; c'était un médecin qui donnait
« une dose d'émétique trop forte à des malades. Ils
« eurent des convulsions ; mais parce qu'on a trop
« pris d'un bon remède doit-on y renoncer à
« jamais ?... (1). »

N'est-ce pas dire, en effet, que le système de Law
était excellent dans son principe ?

Cet hommage rendu à Law et à son invention au
moment même de sa disgrâce fait honneur à Voltaire,
car il avait nettement aperçu les avantages du papier-
monnaie et il se montrait ainsi partisan d'une institution qui ne devait se réaliser que soixante ans plus
tard par la création de la Banque de France.

Telles sont les opinions de Voltaire sur le mercantilisme.

Si l'or et l'argent ne font pas la richesse d'un Etat,
quels sont donc pour lui les éléments qui constituent
cette richesse ? Telle est la question qu'il nous faut
maintenant examiner.

---

(1) *Dialogue entre un philosophe et un contrôleur général*, **Beuchot**,
t. 39, p. 398.

SECTION III.

SOURCES DE LA RICHESSE NATIONALE.

Quelles sont les sources de la richesse nationale ?
C'est peut-être la plus grosse question de l'économie
politique, car de sa solution dépend toute la politique
économique. Voltaire ne fut point arrêté par l'importance de la question. Il reconnaît deux éléments producteurs de richesses : « la peuplade et le travail », et
le but et le devoir d'un gouvernement sage est de
favoriser à la fois la repopulation et le travail (1).
La population d'un Etat est donc le premier facteur
de la richesse. On comprend, en effet, que plus une population sera nombreuse, plus la production s'augmentera. A cet égard, Voltaire admire les nombreuses
familles, il félicite les paysans qui ont parfois dix
enfants et qui travaillent ainsi au salut de l'Etat, alors
que les belles dames de la cour n'en peuvent point
avoir. Aussi attaque-t-il durement les monastères et

(1) *Dialogue entre un philosophe et un contrôleur général*, Beuchot,
t. 39, p. 395.

les couvents. Il y a en France, nous dit-il, 90.000 moines qui sont une force inactive ; leurs maisons devraient
être transformées en hôtels de ville, hôpitaux, écoles...
Enfin, ils devraient se marier, « car la population
« deviendrait plus grande et tous les arts seraient
« mieux cultivés (1). »

Il en est de même pour les couvents : « Dans nos
« climats, dit-il, il naît plus de mâles que de femelles,
« donc il ne faut pas faire mourir les femelles ; or, il
« est clair que c'est les faire mourir que de les enterrer
« toutes vives dans des cloîtres... Je compare les ter-
« res en friches, qui sont encore en France, aux filles
« qu'on laisse sécher dans un cloître ; il faut cultiver
« les unes et les autres. La stérilité en tout genre est,
« ou un vice de la nature ou un attentat contre la
« nature. (2) »

Nous ne prétendons, ici, ni critiquer, ni approuver la
façon de voir de notre auteur : nous ne donnons ces
citations que parce qu'elles étaient nécessaires à
l'appui de cette thèse, à savoir : que la population est
un facteur de la richesse.

La seconde source de la richesse nationale indiquée
par Voltaire est le travail.

Dans un petit opuscule intitulé : *Les Embellissements*

---

(1) *L'Homme aux quarante écus*, Beuchot, t. 34, p. 58.
Mélon avait soutenu la même idée. Dès les premières pages de son chapitre 3, il dit : « ... Il ne s'agit ici que de procurer l'augmentation des
citoyens à laquelle nuisent beaucoup le célibat des prêtres et l'état monas-
tique prématuré, etc... » *Essai polit. sur le commerce*, chap. 3, p, 31.
(2) *Dialogue entre un philosophe et un contrôleur général*, Beuchot,
t. 39, p. 395.

de la ville de Cachemire, il fait tenir ce langage à deux personnages : un philosophe et un Bostangi :

LE PHILOSOPHE. — Qu'appelez-vous être riche ?

LE BOSTANGI. — Avoir beaucoup d'argent.

LE PHILOSOPHE. — Vous vous trompez. Les habitants de l'Amérique méridionale possédaient autrefois plus d'argent que vous n'en aurez jamais, mais étant sans industrie, ils n'avaient rien de ce que l'argent peut procurer ; ils étaient réellement dans la misère.

LE BOSTANGI. — J'entends ; vous faites consister la richesse dans la possession d'un terrain fertile.

LE PHILOSOPHE. — Non ; car les Tartares de l'Ukraine habitent un des plus beaux pays de l'Univers et ils manquent de tout. L'opulence d'un Etat est comme les talents qui dépendent de la nature et de l'art. Ainsi, la richesse consiste dans le sol et dans le travail. Le peuple le plus riche et le plus heureux est celui qui cultive le meilleur terrain, et le plus beau présent que Dieu ait fait à l'homme est la nécessité de travailler (1). »

Dans un autre passage, il dit encore : « Quoi qu'on « fasse, il faudra toujours revenir à la fable du bon « vieillard qui fit accroire à ses enfants qu'il y avait « un trésor dans leur champ ; ils remuèrent tout leur « héritage pour le chercher, et ils s'aperçurent que le « travail est un trésor » (2).

Le travail est donc pour Voltaire producteur de richesses. Il semblerait ici n'attribuer cet effet qu'au seul

(1) *Les Embellissements de la ville de Cachemire,* Beuchot, t. 39, p. 353.

(2) *Les Scythes,* Beuchot, t. 8, p. 185 (Epitre dédicatoire).

travail agricole, mais, par ailleurs, il complète sa
pensée èt indique d'une façon certaine que le travail
sous toutes ses formes est productif. « Le peuple le
plus heureux, dit-il, est celui qui travaille le plus. (1) »
Et plus loin il ajoute : « La richesse d'un Etat consiste
dans le nombre de ses habitants et dans leur travail » (2).
Il est donc bien certain que le travail agricole n'est
plus seul en cause et que Voltaire entend viser toutes
les formes si variées du travail. « La vraie richesse
« d'un royaume est dans l'abondance de toutes les
« denrées, elle est dans l'industrie et dans le travail » (3).
Le commerce, l'industrie sont donc au même titre que
l'agriculture des producteurs de richesses : « L'indus-
« trie, dit-il, augmente la richesse ; car être riche,
« c'est jouir. Or, je jouis d'une maison plus aérée,
« mieux bâtie que n'était celle de Hugues Capet ; on
« a mieux cultivé les vignes, et je bois de meilleur vin ;
« je suis vêtu d'un meilleur drap.... Or, celui-là est
« certainement riche qui jouit de tous ces avantages.
« L'industrie seule les a procurés. Ce n'est donc point
« l'argent qui enrichit un royaume, c'est l'esprit :
« j'entends l'esprit qui dirige le travail » (4).

Tout travail est donc une source de richesses ; plus
un peuple sera nombreux et plus il travaillera, plus il
sera riche. Telle est la théorie de Voltaire sur la richesse
nationale. Il l'a d'ailleurs condensée dans cette laco-

---

(1) *Dialogue entre un philosophe et un contrôleur général*, Beuchot,
t. 36, p. 122.
(2) Id., t. 39, p. 391.
(3) Id., t. 39, p. 398.
(4) Id., t. 39, p. 394.

nique formule : « La richesse consiste dans le grand
nombre d'hommes laborieux. (1) »

Nous disions, au cours de ce chapitre, que la théorie
de Voltaire sur la richesse nationale avait été une des
plus justes de son époque. Les quelques pages que nous
donnons à ce sujet le prouvent surabondamment. En
tout cas, il faut lui rendre ce grand honneur qu'il sut
proclamer avant Adam Smith que le travail quel qu'il
soit est un producteur de richesses. Il réfutait ainsi par
anticipation la doctrine des physiocrates, qui considérait le travail agricole comme seul productif.

SECTION IV.

POLITIQUE ÉCONOMIQUE DE VOLTAIRE.

Après avoir ainsi analysé les idées de Voltaire, une
dernière question nous reste à examiner : A quelles
conséquences pratiques Voltaire a-t-il été conduit par
cette théorie de la richesse nationale, autrement dit :
Quelle fut sa politique économique ?

Pour appliquer leur théorie, les mercantilistes avaient

---

(1) *Dialogue entre un philosophe et un contrôleur général*, Beuchot,
t. 39, p. 394.

établi une politique économique nettement définie ; des procédés aussi nombreux que compliqués avaient été employés tour à tour dans le but d'accumuler les métaux précieux : c'est ainsi qu'on défendait d'exporter l'or et l'argent ; qu'on mettait des taxes fort élevées sur les produits étrangers pour éviter la sortie de l'or national ; qu'on défendait la libre circulation des céréales dans le royaume...; qu'on pratiquait le surhaussement des monnaies..., etc., etc.

Voltaire, qui n'était point mercantiliste, se révolte contre cette pratique qu'il considère à juste titre comme contraire à la liberté et funeste au commerce. « Défendre la sortie des matières d'or et d'argent, « dit-il, est un reste de barbarie et d'indigence ; c'est « vouloir à la fois ne pas payer ses dettes et perdre le « commerce. C'est en effet ne pas vouloir payer, « puisque si la nation est débitrice, il faut qu'elle « solde son compte à l'étranger ; c'est perdre le com- « merce, puisque l'or et l'argent non seulement sont « le prix des marchandises, mais sont marchandises « eux-mêmes. La seule ressource du gouvernement. « c'est qu'on viole toujours cette loi » (1).

Pour que l'ouvrier puisse vivre à bon marché, la doctrine mercantile entravait la circulation des blés ; des droits énormes, qui étaient une prohibition pure et simple, empêchaient les céréales de passer d'une province à une autre. La conséquence était un avilissement

---

(1) *Dialogue entre un philosophe et un contrôleur général*, Beuchot, t. 39, p. 399.

1

des prix. Mélon avait déjà combattu cette pratique (1).
Voltaire, lui aussi, la condamne : « Charger de taxes,
« dans ses propres états, les denrées de son pays d'une
« province à une autre ; rendre la Champagne ennemie
« de la Bourgogne, et la Guyenne de la Bretagne, c'est
« encore un abus honteux et ridicule. On a travaillé
« à corriger cet abus et, à la honte de l'esprit humain,
« on n'a pu y réussir » (2). Et en écrivant le *Siècle de
Louis XIV*, le grand reproche qu'il adressera à Colbert
sera précisément de n'avoir pas su abolir les innombrables droits de douanes intérieurs qui dévastaient
la France (3).

Certains mercantilistes, comme Child, avaient préconisé l'abaissement artificiel du taux de l'intérêt, dans
le but de favoriser l'industrie et le commerce. Voltaire
traite ces économistes « d'arriérés » et demande nettement la liberté du taux de l'intérêt (4).

Un autre procédé, préconisé par les écrivains autant
qu'il fut employé par les gouvernants, consistait à
surhausser les monnaies. On donnait à certaines pièces
étrangères une force libératoire plus grande qu'aux
pièces françaises analogues. On croyait par ce procédé
attirer l'or étranger en France. Le surhaussement des
monnaies, qui fut pratiqué jusqu'au xviiie siècle,
manquait son but, parce qu'il amenait inévitablement
une hausse correspondante des prix et chassait les

---

(1) Mélon, *Essai politique sur le commerce*, chap. 11, p. 150 et suiv.,
chap. 2, p. 13 et suiv.
(2) *Dialogue entre un philosophe et un contrôleur général*, Beuchot,
t. 39, p. 399.
(3) *Siècle de Louis XIV*, Beuchot, t. 20, p. 276.
(4) *Observations sur MM. Law, Mélon et Dutot*, Beuchot, t. 37, p. 528.

pièces nationales analogues aux pièces étrangères
surévaluées (1).

Voltaire a toujours condamné cette pratique ; mais
nous devons à cet égard quelques explications. M.
Stourm, daus son ouvrage sur *les Finances de
l'Ancien Régime* et *de la Révolution*, présente Voltaire
comme un « arriéré », se faisant en plein xviiiᵉ siècle
l'apologiste du surhaussement des monnaies (2). M.
Stourm est un esprit si éminent et son ouvrage est si
réputé que nous avons quelques scrupules à venir le
contredire. Cependant, pour qui connaît la justesse
habituelle des idées de Voltaire, n'est-ce pas forcer un
peu l'expression que de le traiter « d'arriéré » ? Nous
avons cherché dans les œuvres de notre auteur, et nulle
part nous l'avons vu soutenir l'altération des monnaies.
Il se montre, au contraire, l'adversaire de cette pratique
jusqu'alors si employée : « Changer le prix des espèces,
« c'est faire de la fausse monnaie...; répandre dans le
« public plus de crédit que la masse et la circulation
« des espèces ne le comportent, c'est encore faire de
« la fausse monnaie » (3). Dans le *Siècle de Louis XIV*,
il dira encore d'une façon plus explicite : «... On fit
« ensuite une de ces fautes énormes dont le ministère
« ne s'est corrigé que dans nos derniers temps : ce fut
« d'altérer les monnaies. (4) » Et après avoir montré
les inconvénients de ce système, il termine en disant

---

(1) A. Dubois, *Précis de l'histoire des doctrines économiques*, p. 195.
(2) Stourm, *Les finances de l'Ancien Régime et de la Récolution*, t. 1,
p. 8.
(3) *Dialogue entre un philosophe et un contrôleur général*, Beuchot,
t. 39, p. 399.
(4) *Siècle de Louis XIV*, Beuchot, t. 20, p. 281.

qu'il faut « qu'un pays soit bien bon par lui-même
« pour subsister encore avec force après avoir essuyé si
« souvent de pareilles secousses. On n'était pas encore
« instruit, dit-il, la finance était alors, comme la phy-
« sique, une science de vaine conjecture. (1)» Qu'est-ce
à dire, sinon que Voltaire était hostile au surhaussement des monnaies ?

Ce qui a pu induire M. Stourm en erreur, c'est que
Voltaire admet une exception au principe qu'il vient
d'émettre : « On sait, dit-il, que toute mutation de
« monnaie a été onéreuse au peuple et au roi sous le
« dernier règne. Mais n'y a-t-il pas de cas où une aug-
« mentation de monnaie devienne nécessaire ? (2)» Et
Voltaire va citer un cas qu'il reconnaît très rare, mais
dans lequel une augmentation de monnaie s'impose.
Le voici : Un pays n'a ni commerce, ni industrie ; un
particulier emprunte une certaine somme, 100 livres,
par exemple. Supposons maintenant que la nation
devienne plus industrieuse, qu'elle fasse du commerce...
L'argent deviendra plus abondant, mais tout s'achètera
plus cher... Celui qui avait emprunté 100 livres se
trouvera en réalité en devoir 200 ou même 300... (3).

---

(1) *Siècle de Louis XIV*, Beuchot, t. 20, p. 281.

(2) *Observations sur MM. Law, Mélon et Dutot*, Beuchot, t. 37, p. 539.

(3) L'exemple choisi par Voltaire est faux et va à l'encontre de la propo-
ition qu'il veut démontrer. Si une nation devient plus industrieuse et plus
commerçante, la monnaie nécessairement augmentera en quantité, mais
diminuera en valeur, et la dette de 100 livres supposée par Voltaire se trouvera en réalité considérablement allégée. On comprend cependant la pensée
de Voltaire. Il suffit de renverser l'exemple donné par lui et de supposer une
nation riche et industrieuse devenant tout à coup pauvre et sans industrie.
L'argent deviendra plus rare, sa valeur augmentera, et dans cette hypothèse
le débiteur indiqué par Voltaire se trouvera surchargé.

Dans cette situation pressante, dit Voltaire, il faut venir en aide au débiteur. Mais comment fera-t-on? On pourrait abolir purement et simplement toutes les dettes ; c'est un procédé radical employé par les Egyptiens, mais il ne faut pas l'acclimater chez nous. C'est alors que Voltaire propose d'augmenter la valeur de l'argent : « cette pièce d'or qui valait six francs en vaudra vingt-quatre. » Le débiteur se trouvera ainsi soulagé (1).

Telle est l'unique exception apportée par Voltaire et encore ne la donne-t-il qu'avec de grandes réserves ; il la cite plutôt comme hypothèse purement théorique. « Toutes les nations européennes, dit-il, ont emp'oyé « ce système avant d'avoir eu un commerce réglé et « puissant. En France, surtout, nous avons poussé à « un excès intolérable l'abus d'une loi naturelle qui « ordonne à la longue le soulagement des débiteurs « opprimés »; mais « il est à croire que dans un temps « aussi éclairé que le nôtre, nous n'aurons plus à es- « suyer de pareils orages. » (1)

Nous ne dirons donc pas avec M. Stourm que Voltaire s'est fait l'apologiste du surhaussement des monnaies. Il se montra, au contraire, toujours hostile aux altérations monétaires et si dans un but humanitaire il a cru devoir poser une légère et bien rare exception, cette exception qui ne fait que confirmer la règle que nous avançons ne doit pas être prise pour un principe général.

Telle était donc l'opinion de Voltaire sur le mercan-

---

(1) *Observations sur MM. Law, Mélon et Dutot*, Beuchot, t. 37, p. 539.

tilisme et ses procédés pratiques; mais si nous nous demandons maintenant quelle fut d'une manière plus précise la politique économique de notre auteur, nous sommes embarrassé pour répondre à la question.

Voltaire, nous l'avons déjà dit, n'est pas un économiste. Il expose ses idées au jour le jour sans souci de les réunir d'une façon logique ou de rechercher le moyen de les appliquer ; c'est pourquoi il n'y a pas chez lui une politique économique bien déterminée.

Dans le *Siècle de Louis XIV* il fait un brillant éloge de l'administration de Colbert ; il félicite chaleureusement le ministre du grand roi d'avoir développé le commerce, de l'avoir encouragé, favorisé par des exemptions de taxes, des subventions, des primes données à l'industrie et au commerce, à l'importation et à l'exportation : par des protections douanières de toute sorte.... (1) En lisant le brillant panégyrique adressé à ce système de protectionnisme à outrance, qui fut appelé le Colbertisme, on peut se demander évidemment si Voltaire lui-même ne fut pas protectionniste? C'est la seule question que nous puissions nous poser et encore restera-t-elle sans réponse. Voltaire est-il protectionniste?

Le passage auquel nous faisions allusion tout à l'heure pourrait le laisser croire, d'autant plus que notre auteur semble demander par ailleurs une protection douanière pour les produits agricoles et des subventions pour les agriculteurs ce qui serait encore une

---

(1) *Siècle de Louis XIV*, Beuchot, t. 21, p. 240 et suiv.

aggravation du système protectionniste de Colbert (1).
Mais quel est ce protectionnisme? quelle est son étendue? quelles sont ses limites?..... autant de questions
auxquelles il nous est impossible de répondre, car Voltaire lui-même n'a point pensé à les résoudre. Ce qui
est certain, c'est qu'il pouvait, en sa qualité d'historien,
admirer l'œuvre d'un ministre et les heureux résultats qu'il paraissait obtenir, sans rechercher si les
moyens employés étaient sans reproche et si une politique différente n'eut pas été préférable.

Nous sommes donc tenu à beaucoup de réserve sur
ce sujet par crainte de fausser sa pensée.

----

(1) *Dialogue entre un philosophe et un Contrôleur général*. Beuchot,
t. 39, p. 395 ; t. 26, p. 132-135.

CHAPITRE II.

Le Luxe.

GÉNÉRALITÉS. — LE LUXE EST UN BIEN DANS UN ÉTAT.
CONDAMNATION DES LOIS SOMPTUAIRES.
N'Y A-T-IL PAS UN LUXE CONDAMNABLE ?

————

Nous trouvons, au dix-huitième siècle, un double courant qui porte la philosophie tantôt vers l'apologie, tantôt vers la condamnation systématique du luxe.

D'un côté, nous voyons le moralisme économique des Mably, des Morelly, des Rousseau... qui fait dépendre l'économie politique de la morale. Une conséquence de cette doctrine fut la condamnation du luxe.

D'un autre côté, nous trouvons une école, l'école anglaise, qui se montre très favorable au développement du luxe ; Voltaire se rattache à cette école.

En effet, l'école anglaise expérimentale qui fonde toutes nos connaissances sur la sensation et qui chez ses adeptes les plus célèbres ne reconnaît d'autre morale que celle du plaisir devait nécessairement se montrer favorable au luxe (1).

Mandeville, peu connu du grand public, mais qui fut un auteur très en vue de cette école, soutint dans sa *Fable*

———

(1) Baudrillart, *Histoire du luxe*, t. 4, p. 350.

des Abeilles, cette idée que la seule vertu est inconciliable avec le progrès, que tous les vices sont nécessaires à la prospérité publique : si un orchestre donne une note harmonieuse, cela tient aux instruments hétérogènes qui composent cet orchestre. Il en est de même pour l'humanité ; il faut laisser se développer librement les volontés humaines. Si le luxe est un mal, il doit quand même exister, car il profite à l'ensemble de la nation « le faste et la vanité nourrissent la misère. »

Mélon, quelques années plus tard, soutint en France la même idée. Si nous indiquons ces deux auteurs, c'est parce qu'ils ont avec notre sujet un rapport très étroit. Mélon, en effet, s'est inspiré de Mandeville, et Voltaire a copié Mélon. Quant à David Hume, qui étudia, lui aussi, le luxe d'une façon si judicieuse, nous ne ferons que le citer. L'*Essai sur le luxe* parut en effet, en 1752 ; il est donc postérieur à la presque totalité des écrits de Voltaire sur ce sujet.

Mélon, qui fut l'initiateur et le guide de Voltaire sur toutes les questions économiques, consacre un long chapitre au luxe dans son *Essai politique sur le commerce*. Il commence par condamner l'ascétisme ou plutôt le simplisme social des admirateurs de l'âge d'or et il s'élève contre la théorie de Fénelon. Il nous montre que le luxe est quelque chose de relatif aux temps et aux individus (1) ; qu'il est nécessaire au bon fonctionnement d'un Etat, parce qu'il développe le commerce et l'industrie, et fait vivre une multitude

---

(1) Mélon, *Essai politique sur le commerce*, éd. 1761, chap. 9, p. 107-113...

d'ouvriers « qu'il est une suite nécesaire de toute
société bien policée (1). » Il attaque avec verve les
lieux communs tirés de l'exemple de Rome et de
Sparte, vante le bien-être moderne et condamne hautement les lois somptuaires (2)...

Quant à Voltaire, cet ami avéré de toutes les élégances, de tous les raffinements et de tous les plaisirs,
il n'avait pas besoin de maître pour se faire l'apologiste du luxe. Néanmoins, nous allons voir qu'il ne fit
que développer les idées de Mélon, qu'il lui emprunta
ses arguments et ses exemples, en leur donnant toute-
fois cette forme particulière que son merveilleux talent
pouvait seul concevoir.

Voltaire, disons-nous, procède de Mélon. Pour s'en
convaincre, il suffit de lire ses *Observations sur
MM. Jean Law, Mélon et Dutot*, et nous le verrons
adresser sans réserve ses éloges à Mélon : « L'*Essai*
« *sur le Commerce*. de M. Mélon, est l'ouvrage d'un
« homme d'esprit... il se sent de l'esprit du siècle, et
« je ne crois pas que du temps même de M. Colbert,
« il y eut en France deux hommes capables de com-
« poser un tel livre » (3), et plus loin il ajoute :

---

(1) Mélon, *Essai politique sur le commerce*, chap. 9, p. 106-121.
(2) Id., chap. 9, p, 114 et suiv.
(3) *Observ. sur MM. Jean Law, Mélon et Dutot*, Beuchot, t. 37, p. 529.
Mélon lui-même avait reconnu dans la personne de Voltaire un de
ses disciples. *Le Mondain* venait de paraître ; Mélon écrivit aussitôt à
Mme la comtesse de Verrue : « Je regarde ce petit ouvrage comme une
excellente leçon de politique cachée sous un badinage agréable. Je me
flatte d'avoir démontré dans mon *Essai politique sur le commerce*, combien ce goût des beaux arts et cet emploi des richesses, cette âme d'un
grand état qu'on nomme luxe, sont nécessaires pour la circulation de
l'espèce et pour le maintien de l'industrie... » *Lettre publiée à la suite
du Mondain*, Beuchot, t. 14, p. 132.

« Souffrez que je me livre au plaisir d'estimer tout ce
« qu'il dit sur la liberté du commerce, sur les denrées,
« sur le change et principalement sur le luxe. Cette
« sage apologie du luxe est d'autant plus estimable et
« a d'autant plus de poids dans sa bouche qu'il vivait.
« en philosophe (1). »

Cet éloge adressé à celui qui fut son maître, Voltaire
va nous faire maintenant une brillante apologie du
luxe moderne.

Les principales idées de notre auteur sur ce sujet
sont condensées dans deux petits poëmes : le *Mondain*
qui parut en 1736, et la *Défense du Mondain*, publiée
en 1737. Nous devons aussi y ajouter le *Dictionnaire
philosophique*, dont la première édition date de 1764.

Cet éloge brillant du luxe fait par l'homme le plus
en vue et le plus écouté de toute son époque, dut
avoir une énorme répercussion. Arrivant dans les
environs de 1740, il était une réfutation des doctrines
austères de certains philosophes moralistes, mais il
donnait aussi un appui moral et une éclatante appro-
bation à la société si mondaine et si raffinée du règne
de Louis XV.

Au spectacle de nos premiers aïeux qui manquaient
d'industrie et d'aisance, Voltaire oppose le confor-
table de notre vie actuelle. Avec quel enthousiasme il
nous parle de toutes ces inventions nouvelles, de toutes
ces commodités dont on entoure la vie moderne !
Avec quels accents il parle de ces industries luxueuses

(1) *Observ. sur MM. Jean Law, Mélon et Dutot*, Beuchot, t. 37,
p. 529.

des Gobelins, de Saint-Gobain, de ces glaces, de ces
tapis, de ces jardins « avec myrtes en berceaux », de
ces rapides et élégantes voitures, de ces vins délicieux,
de ces parfums, de ces bains, de ces rendez-vous... que
sais-je encore ! (1)

> Cette splendeur, cette pompe mondaine,
> D'un règne heureux est la marque certaine.
> Le riche est né pour beaucoup dépenser
> Et le pauvre est fait pour beaucoup amasser. (2)

Mais ce luxe, non seulement est la marque de la
prospérité d'un Etat, non seulement il donne le bonheur à ceux qui peuvent en jouir, mais encore il fait
vivre une quantité d'ouvriers, et, grâce à lui, l'argent
circule.

> Ainsi l'on voit en Angleterre, en France,
> Par cent canaux, circuler l'abondance :
> Le goût du luxe entre dans tous les rangs,
> Le pauvre y vit des vanités des grands
> Et le travail gagé par la mollesse,
> S'ouvre à pas lents la route à la richesse. (2)

Et aux admirateurs du passé, aux évocateurs de
l'âge d'or, Voltaire oppose notre vie moderne ; il se
flatte de vivre à une époque la plus luxueuse de toutes,
où les arts, les richesses, les plaisirs se sont donné
rendez-vous pour faire le bonheur de l'humanité.

---

(1) *Le Mondain*, Beuchot, t. 14, p. 129.
(2) *Défense du Mondain*, Beuchot, t. 14, p. 137, (Mélon, *Essai polit.*,
chap. 9, p. 106).

L'industrie et le commerce encouragés par le luxe s'en vont dans les régions lointaines, chercher de nouveaux éléments à notre vanité...

> O le bon temps que ce siècle de fer !
> Le superflu, chose très nécessaire,
> A réuni l'un et l'autre hémisphère.
> Voyez-vous pas ces agiles vaisseaux,
> Qui du Texel, de Londres, de Bordeaux,
> S'en vont chercher, par un heureux échange,
> De nouveaux biens, nés aux sources du Gange ;
> Tandis qu'au loin, vainqueurs des Musulmans.
> Nos vins de France enivrent les sultans. (1)

Qu'on ne nous parle point de la sobriété et de la vertu des premiers Romains ! qu'on ne parle point de la simplicité voulue de tous ces « consuls en us. »

> N'allez donc pas avec simplicité,
> Nommer vertu ce qui fut pauvreté. (2)

D'ailleurs, ces mêmes Romains, quand ils eurent tout pillé, tout volé, du golfe Adriatique à l'Euphrate, eurent assez d'esprit pour jouir alors de leurs rapines. (3)

Et Voltaire raille « l'amer », « le satirique », « le misanthrope » La Bruyère qui vantait la parcimonie de nos pères. « Ne voilà-t-il pas, dit-il, un plaisant « éloge à donner à nos pères, de ce qu'ils n'avaient

---

(1) *Le Mondain*, Beuchot, t. 14, p. 127.
(2) *Défense du Mondain*, Beuchot, t. 14, p 138 (Mélon. *Essai polit.*, chap. 9. 115).
(3) *Dict. phil.*, au mot « Luxe », Beuchot, t. 31, p. 111.

« ni industrie, ni goût, ni propreté ? (1) Ils avaient
« tort de garder l'argent dans des coffres, car l'argent
« est fait pour circuler, pour faire éclore tous les
« arts, pour acheter l'industrie des hommes. Qui le
« garde est mauvais citoyen et même mauvais ména-
« ger. C'est en ne le gardant pas qu'on se rend utile à
« la patrie et à soi-même (2). »

A la suite de Mélon, Voltaire reprend les exemples
tirés de Sparte : « Les déclamateurs voudraient qu'on
« enfouit les richesses qu'on aurait amassées par le
« sort des armes, par l'agriculture, par le commerce
« et par l'industrie. Ils citent Lacédémone, que ne ci-
« tent-ils aussi la République de Saint-Marin ? Quel
« bien Sparte fit-elle à la Grèce ? Eut-elle jamais des
« Démosthène, des Sophocle, des Apelle et des Phi-
« dias ? (3) »

Tels sont les termes que Voltaire emploie pour chan-
ter la vie luxueuse de son époque ; ces courtes citations ne nous donnent même pas une idée de l'enthousiasme qu'il mettait à décrire ce luxe ! aussi peut-on se
demander de quels accents sa lyre eut vibré s'il eut
vécu au XXᵉ siècle ! Quoiqu'il en soit, il faut retenir
ceci : que le luxe fait le bonheur, non seulement de celui qui peut se le permettre, mais aussi de l'ouvrier et
du pauvre ; qu'il développe le commerce et l'industrie ;
qu'il augmente la circulation et ouvre des débouchés
nouveaux. C'est cette idée qu'il développait dans une

---

(1) *Observ. sur MM. Jean Law, Mélon et Dutot*, Beuchot, t. 37, p. 535.

(2) Id., t. 37, p. 535 ; (Mélon, *Essai*, chap. 9, p. 123).

(3) *Dict. phil.*, Beuchot, t. 31, p. 112, mot « Luxe » (Mélon, *Essai*, chap. 9, p. 114).

lettre au prince royal de Prusse, le mois de janvier
1736 (1). C'est la même idée qu'il énonçait encore lorsqu'il écrivait au comte de Saxe :

> Oui, je suis loin de m'en dédire,
> Le luxe a des charmes puissants,
> Il encourage les talents,
> Il est la gloire d'un empire (2).

Le luxe est donc un signe de prospérité dans une nation, il faut dès lors qu'il se développe librement ; il ne
faut pas le restreindre ou arrêter son développement en
édictant des lois somptuaires. Voltaire s'était rendu
compte de cette idée, qu'une loi somptuaire est injuste
par elle-même, parce que tout homme a le droit de
faire usage de sa propriété comme il lui convient
pourvu que cet usage ne blesse le droit de personne :
« C'est priver les artistes du gain légitime qu'ils fe-
« raient avec les riches; c'est priver ceux qui ont fait
« des fortunes du droit naturel d'en jouir ; c'est étouf-
« fer toute industrie ; c'est vexer à la fois les riches et
« les pauvres. On ne doit pas plus régler les habits
« du riche que les haillons du pauvre. Tous deux, éga-
« lement citoyens, doivent être également libres. Cha-
« cun s'habille, se nourrit, se loge comme il peut.
« Si vous défendez au riche de manger des gélinottes,
« vous volez le pauvre qui entretiendrait sa famille du
« prix du gibier qu'il vendrait au riche. Si vous ne

---

(1) *Correspondance*, Beuchot, 52, p. 385 (Lettre au prince royal de
Prusse, janvier 1736).
(2) Id., t. 52, p. 423 (Lettre au comte de Saxe, 1737).

« voulez pas que le riche orne sa maison, vous ruinez
« cent ouvriers. Le citoyen qui, par son faste humilie
« le pauvre, l'enrichit par ce même faste beaucoup
« plus qu'il ne l'humilie. L'indigence doit travailler
« pour l'opulence afin de s'égaler un jour à elle ....
« Les lois somptuaires ne peuvent plaire qu'à l'indi-
« gent oisif, orgueilleux et jaloux qui ne veut ni tra-
« vailler ni souffrir que ceux qui ont travaillé jouis-
« sent (1). »

Cependant Voltaire n'admet le luxe que dans les
grands Etats ; chez les petites nations, pauvres et sans
industries, il admet la possibilité des lois somptuaires.
Que la République de Raguse ou le canton de Zug
fassent des lois somptuaires, ils ont raison ; il faut
que le pauvre ne dépense point au-delà de ses forces :

> Sachez surtout que le luxe enrichit
> Un grand Etat, s'il en perd un petit. (2)

Pourquoi cette différence entre les grands et les petits Etats ? Voltaire, malheureusement, ne nous en
donne pas la raison.

Quoi qu'il en soit, le luxe est une bonne chose chez
une grande nation, aussi Voltaire condamne-t-il les
lois somptuaires que nous eûmes dans le passé. Il blâ-
me François Ier qui défendit les étoffes d'or et de soie...,
Henri III qui renouvela cette défense... et ne permit
des habits de soie qu'aux évêques, et des souliers de

---

(1) *Idées républicaines*, Beuchot, t. 40, p. 573 (Mélon, chap. 9, p. 122).
(2) *Dict. phil.*, Beuchot, t. 31, p. 113, au mot « Luxe ».

soie qu'aux princes (1). Voltaire s'élève contre de telles
mesures, qui sont contraires à la liberté humaine
et aux principes économiques les plus élémentaires :
« Toutes ces lois somptuaires ne prouvent autre chose,
« sinon que le gouvernement n'avait pas toujours de
« grandes vues et qu'il parut plus aisé aux ministres
« de proscrire l'industrie que de l'encourager (1). »
Il félicite Colbert d'avoir résisté à ceux qui lui conseil-
laient de supprimer les industries lyonnaises ; il le félicite d'avoir maintenu ces industries, d'en avoir
établi de nouvelles et d'avoir par là augmenté notre
commerce.

> Mais le ministre utile avec éclat
> Sut par le luxe enrichir notre Etat
> De tous nos arts il agrandit la source.
> Et du Midi, du Levant et de l'Ourse,
> Nos fiers voisins de nos progrès jaloux
> Payaient l'esprit qu'ils admiraient en nous (2).

Voltaire est donc l'adversaire déclaré des lois somptuaires. A lire les pages qui précèdent, il semblerait
tellement partisan du luxe, qu'il ne faudrait, pour
aucune raison, arrêter son développement. Cependant, il reconnaît qu'il peut y avoir, dans certains
cas, un luxe condamnable.

Avant de rechercher quel est le luxe condamné par
Voltaire, il est bon de se faire au préalable une idée
exacte de la façon dont il comprend le luxe.

« Qu'est-ce que le luxe ? dit-il. C'est un mot

---

(1) *Essai sur les mœurs*, Beuchot, t. 17, p. 180.
(2) *Défense du Mondain*, Beuchot, t. 14, p. 138.

« sans idée précise, à peu près comme lorsque nous
« disons les climats d'Orient et d'Occident ; il n'y a,
« en effet, ni Orient ni Occident ; il n'y a pas de point
« où la terre se lève ou se couche, ou si vous voulez,
« chaque point est orient et occident. Il en est de
« même du luxe, ou il n'y a en point ou il est par-
« tout (1). » Et Voltaire, par d'humoristiques exemples, va nous confirmer cette idée que le luxe est relatif. « Dans un pays, dit-il, où tout le monde allait
« pieds nus, le premier qui se fit faire une paire de
« souliers avait-il du luxe ?... N'en fut-il pas de même
« pour celui qui porta la première chemise ? (2) »
Et cependant nos pères s'écrièrent : « Ah ! quel
« luxe ! quelle mollesse ! une telle magnificence est
« à peine faite pour les rois ! Vous voulez corrom-
« pre nos mœurs et perdre l'Etat (3). » — « Lorsqu'on
« inventa les ciseaux, dit encore Voltaire, qui ne
« sont certainement pas de l'antiquité la plus haute,
« que ne dit-on pas contre les premiers qui se rognè-
« rent les ongles et qui coupèrent une partie des
« cheveux qui leur tombaient sur le nez ? On les
« traita de petits maîtres et de prodigues... Ce fut bien
« pis quand on inventa les chemises et les chaussons.
« On sait avec quelle fureur les vieux conseillers, qui
« n'en avaient jamais porté, crièrent contre les jeu-
« nes magistrats qui donnèrent dans ce luxe fu-
« neste ! (4). »

(1) *Observ. sur MM. Law, Mélon et Dutot*, Beuchot, t. 37, p. 133.
(2) *Dict. phil*, Beuchot, t 31, p. 109, au mot « Luxe ».
(3) *Observ. sur MM. Law, Mélon et Dutot*, Beuchot, t. 37, p. 534.
(4) *Dict. phil.*, Beuchot, t. 31, p 114, au mot « Luxe ».

Le luxe est donc relatif, et telle chose, considérée jadis comme un luxe extrême, est aujourd'hui de la plus commune utilité. Non seulement le luxe varie à travers les âges, mais il varie encore à une même époque, selon les milieux sociaux. Ce qui est luxe pour une personne ne l'est pas pour un autre. Chacun a un luxe différent. De même que le luxe général est la marque infaillible d'un empire puissant et prospère ; de même, « la dépense doit être le thermomètre de la fortune d'un particulier (1). » Le luxe est relatif aux temps et aux individus ; il faut cependant reconnaître, dit Voltaire, que de nos jours le luxe est moins grossier qu'autrefois, on sait y mettre plus de délicatesse et d'intelligence : « On est parvenu enfin à ne plus « mettre le luxe que dans le goût et la commodité. « La foule des pages et des domestiques en livrée a « disparu pour mettre plus d'aisance dans l'intérieur « des maisons. On a laissé la vaine pompe et le faste « extérieur aux nations chez lesquelles on ne sait « encore que se montrer en public et où on ignore « l'art de vivre (2). »

Ceci dit, et maintenant que nous connaissons mieux la pensée de Voltaire et que nous connaissons mieux aussi le cadre dans lequel il la renferme quand il parle du luxe, voyons quel est le luxe condamné par lui.

Malgré la bienveillance qu'il accorde au luxe de son époque, Voltaire reconnaît cependant qu'il faut met-

---

(1) *Observ. sur MM. Law, Mélon et Dutot*, Beuchot, t. 37, p. 534 (Mélon, *Essai pol.*, chap. 9, p. 107).

(2) *Siècle de Louis XIV*, Beuchot, t. 20, p. 269.

tre parfois un frein à son développement immodéré.
Quel est ce luxe condamnable qu'il faut enrayer ?
C'est celui que nous devons payer à l'étranger, parce
qu'il fait sortir l'argent du royaume : « Une autre
« cause de notre pauvreté, dit-il, est dans nos besoins
« nouveaux. Il faut payer à nos voisins quatre mil-
« lions d'un article et cinq ou six d'un autre pour
« mettre dans notre nez une poudre puante venue
« d'Amérique. Le café, le thé, le chocolat, la coche-
« nille, l'indigo, les épiceries nous coûtent plus
« de soixante millions. Tout cela était inconnu du
« temps de Henri IV. Nous brûlons cent fois plus de
« bougies et nous tirons plus de la moitié de notre
« cire de l'étranger, parce que nous négligeons nos
« ruches, etc… (1) » Parlant du ministère de Colbert, il
écrira encore dans le *Siècle de Louis XIV* : « On voulut
« diminuer le luxe, ce qui, dans un royaume rempli
« de manufactures, est diminuer la circulation et l'in-
« dustrie et ce qui n'est convenable qu'à une nation
« qui paie son luxe à l'étranger (2). »

Et beaucoup plus tard, en 1773, parlant encore de
ces achats de denrées étrangères, il dira : « On s'est
« toujours plaint des impôts… mais nous n'avons
« jamais réfléchi que le plus grand et le plus rude
« des impôts est celui que nous nous imposons sur
« nous-mêmes par nos nouvelles délicatesses qui sont
« devenues des besoins et qui sont en effet un luxe

(1) *L'Homme aux quarante écus*, Beuchot, t. 34, p. 7.
(2) *Siècle de Louis XIV*, Beuchot, t. 20, p. 281.

« ruineux, bien qu'on ne lui ait pas donné le nom de
« luxe (1). »

Ainsi Voltaire, qui a fait un éloge pompeux du
luxe, y met une singulière restriction, qui est en
désaccord complet avec ses idées premières. Voltaire,
qui vantait « ces agiles vaisseaux qui s'en allaient
chercher de nouveaux biens, nés aux sources du Gange »
qui vantait toutes ces industries et tous ces commerces
nouveaux, décide maintenant que tout cela est une
cause de ruine, car l'argent sort du royaume et va
enrichir les étrangers ! La monnaie pour lui se confond
donc avec la richesse !

Voltaire, disions-nous au début de cette étude, n'est
pas un véritable économiste ; nous en avons la preuve
ici ; car lui, qui a toujours combattu le mercantilisme,
se contredit et devient ici un pur partisan de cette
doctrine. Un économiste sérieux ne serait pas tombé
dans une aussi grosse contradiction. Mais, comme le
dit M. Baudrillart : « Il n'y a guère lieu de prêter
attention à ces capricieux retours d'un esprit éminent, mais indécis » (2).

Le luxe, d'après Voltaire, est donc permis dans tous
les cas, sauf quand il faut l'acheter chèrement aux
étrangers. Cependant, même dans ces limites, il y a
encore une juste mesure à conserver. Voltaire, après
la publication du *Mondain*, avait été violemment pris
à partie. Piron, un de ses plastrons habituels et son
grand ennemi, avait même écrit une petite pièce de

---

(1) *Fragments sur quelques révolutions dans l'Inde et sur la mort
du comte de Lally, 1773*, Beuchot, t. 47, p. 298 et suiv.
(2) Baudrillart, *Histoire du luxe privé et public*, t. 4, p. 363.

vers intitulée l'*Anti-Mondain*, qui était une réponse
directe à l'œuvre de Voltaire. On le représentait, en
outre, comme un moraliste du plaisir et un théoricien
éhonté de toutes les jouissances. Pour répondre à ces
attaques, il écrivit un petit opuscule intitulé *Sur l'usage
de la vie*, où il disait :

> Sachez mes chers amis
> Qu'en parlant de l'abondance,
> J'ai chanté la jouissance
> Des plaisirs purs et permis
> Et jamais l'intempérance (1).

Il faut donc user du luxe, mais il ne faut point en
abuser. C'est la même idée qu'il exprimait encore
dans une lettre au Comte de Saxe, en lui envoyant la
Défense du Mondain :

> . . . .
> Il ressemble aux vins délicats.
> Il faut s'en permettre l'usage.
> Le plaisir sied bien au sage.
> Buvez, ne vous enivrez pas.
> Qui ne sait pas faire abstinence
> Sait mal goûter la volupté,
> Et qui craint trop la pauvreté,
> N'est pas digne de l'opulence (2).

Ne croyons pas que cette modération qu'il prêche
maintenant eut comme cause les critiques nombreuses
qu'on lui avait adressées après le *Mondain*. Non, car
près de trente ans après, il n'aura point changé d'avis.

---

(1) *Sur l'usage de la vie*, Beuchot, t. 14, p. 141.
(2) *Correspondance*, Beuchot, t. 52, p. 423 (Lettre à M. le Comte de
Saxe, 1737).

Il reprendra cette même idée dans un passage du *Dictionnaire philosophique* que nous citons comme sage épilogue de ce chapitre : « Je ne sais comment il « est arrivé que dans mes villages, où la terre est « ingrate, les impôts lourds, la défense d'exporter les « blés intolérable, il n'y a guère pourtant de colon « qui n'ait un bon habit de drap, et qui ne soit bien « chaussé et bien nourri. Si le colon laboure avec « son bel habit, avec du linge blanc, les cheveux « frisés et poudrés, voilà certainement le plus grand « luxe et le plus impertinent ; mais qu'un bourgeois « de Paris ou de Londres paraisse au spectacle vêtu « comme un paysan, voilà la lésine la plus grossière « et la plus ridicule...

Est modus in rebus, sunt certi denique fines
Quos ultra citraque nequit consistere rectum (1).

(1) *Dict. phil.*, Beuchot, t. 31, p. 113, au mot « Luxe ».

Note.— Voltaire avait envoyé à son royal ami Frédéric, le *Mondain* et la *Défense du Mondain*, avec prière de lui dire son avis. Ce qu'il y a de curieux, c'est que Frédéric, dont les idées étaient généralement en harmonie si parfaite avec celles de Voltaire, n'était point de son avis au sujet du luxe. A la lettre de Voltaire qui date de 1736, il répondit évasivement par des critiques de détail, et ce ne fut que trente-sept ans après qu'il se décida à donner son avis dans une lettre qu'il écrivait de Berlin le 28 décembre 1774. Nous ne la citons qu'à titre de curiosité : « Dans tous les pays où le culte de « Plutus l'emporte sur celui de Minerve, il faut s'attendre à trouver des « bourses enflées et des têtes vides. L'honnête médiocrité convient le mieux « aux Etats ; les richesses y apportent la mollesse et la corruption ; non pas « qu'une république comme celle de Sparte puisse subsister de nos jours, « mais en prenant un juste milieu entre le besoin et le superflu, le carac- « tère national conserve quelque chose de plus mâle, de plus propre à • l'application, au travail et à tout ce qui élève l'âme. Les grands biens « font ou des ladres ou des prodigues. »

TROISIÈME PARTIE

Voltaire et la Physiocratie.

CHAPITRE PREMIER.

Les Physiocrates [1]

« La France, dit M. Léonce de Lavergne, est le pays
d'où est partie la revendication la plus éclatante des
intérêts agricoles, et cette généreuse tentative se confond avec la naissance de l'économie politique parmi
nous [2]. » Tout le XVIIIᵉ siècle, en effet, fut une réaction contre les doctrines économiques des deux siè-

---

[1] Cours de doctrines economiques professé pendant l'année 1905-1906,
par M. Dubois, professeur à la Faculté de Poitiers.
[2] Léonce de Lavergne, *Les Economistes français du XVIIIᵉ siècle,*
p. 58.

cles précédents. Cette réaction, conduite par un noyau
d'hommes intelligents et remuants, eut le double honneur de créer en France la véritable science économique et d'attirer l'attention sur les questions agricoles
jusqu'alors abandonnées.

Pendant plus de deux siècles, la politique mercantiliste avait été appliquée en France, sans interruption.
Au début du XVIIIᵉ siècle cependant elle commençait
à se discréditer dans l'opinion publique. Ce discrédit
était dû au système lui-même qui suscitait des conflits
entre les diverses classes de la nation, mettait aux pri-
ses les industries protégées et celles qui ne l'étaient
pas, créait des rivalités entre les privilégiés eux-mêmes, renchérissait enfin la plupart des objets tout en
contrariant le consommateur dans ses goûts..... Le
commerce était seul favorisé ; l'agriculture était aban-
donnée et le blé se vendait à vil prix. L'application des
règlements sur les manufactures était inextricable et
nécessitait une armée de contrôleurs, jaugeurs, mesureurs..... qui était en perpétuel conflit avec les particuliers.

Lorsque tous ces inconvénients apparurent clairement, il se forma un nouveau courant d'idées qui eut
pour base la négation de la suprématie des métaux
précieux. L'agriculture fut désormais considérée comme le premier facteur de la richesse d'un Etat, et le
seul moyen de la développer était d'accorder la liberté
complète des transactions.

Mélon, en 1734, avait été un des premiers à lancer
ces idées nouvelles dans son *Essai politique* sur le commerce, et Voltaire ne se fit point faute de seconder son
maître ; mais ce n'était qu'une légère ébauche de la

doctrine nouvelle qui allait apparaître et dont tout l'honneur de la création revient aux Physiocrates.

Qu'était-ce donc que les Physiocrates ?

Les Physiocrates étaient un petit nombre d'économistes intelligents et actifs, groupés autour d'un chef commun, le docteur Quesnay. Leur but était de relever l'agriculture, la grande sacrifiée de jadis, et d'en faire le pivot de l'organisation sociale. Une dizaine d'entre eux sont demeurés célèbres, et grâce à leur zèle, à leur dévouement, à la propagande incessante qu'ils firent dans leurs journaux ou dans leurs ouvrages, ils arrivèrent non seulement à fixer l'attention publique, mais encore à faire appliquer une partie de leur doctrine par le gouvernement.

En 1767, alors que ces économistes étaient déjà groupés et formaient une école en pleine activité, Bachaumont écrivait dans ses *Mémoires* : « Il s'est formé « à Paris une nouvelle secte appelée *Les Economistes*, « ce sont des philosophes politiques qui ont écrit sur « les matières agraires ou d'administration intérieure, « qui se sont réunis et prétendent faire un corps de « système qui doit renverser tous les principes reçus « en fait de gouvernement et élever un nouvel ordre « de choses..... Quesnay, ancien médecin de Madame « la marquise de Pompadour, est le coryphée de la « bande, il a fait entre autres ouvrages, la *Philosophie* « *rurale*. M. de Mirabeau, l'auteur de l'*Ami des hom-* « *mes* et de la *Théorie de l'impôt*, est le sous-directeur. « Les assemblées se tiennent chez lui tous les mardis, « et il donne à dîner à ces Messieurs. Viennent ensuite « MM. l'abbé Baudot, qui est à la tête des *Ephémérides* « *du citoyen*, M. Mercier de la Rivière, qui est allé

« donner des lois dans le Nord et mettre en pratique
« en Russie les spéculations sublimes et inintelligi-
« bles de son livre de l'*Ordre naturel et essentiel des so-*
« *ciétés politiques*. M. Turgot, intendant de Limoges, et
« grand faiseur d'expériences, et plusieurs autres au
« nombre de 19 à 20. Ces sages modestes prétendent
« gouverner les hommes de leur cabinet par leur in-
« fluence sur l'opinion, reine du monde (1). »

Voilà donc ce qu'on pensait à l'époque de cette
école naissante qu'on appelait par dérision « la secte » :
on tournait en ridicule ces philosophes qui se montraient des novateurs et des hommes de progrès. Leur
théorie, en effet, faisait un bouleversement complet
des anciennes institutions : leurs principes étaient
absolument contraires aux principes mercantilistes
jusqu'alors admis. Aussi, et il en est de même pour
toutes les nouveautés qu'on enseigne, les physiocrates
n'échappèrent pas à la raillerie.

Le docteur Quesnay fut le créateur de la doctrine
nouvelle. Il condensa ses idées sous forme de maxi-
mes dans un ouvrage qui fut imprimé à Versailles
avec un grand luxe et aux frais du roi : *Le Tableau
économique*. Sans rechercher le fondement rationnel
et scientifique de cette théorie dans le droit naturel
et la philosophie morale du dix-huitième siècle, et

---

(1) Bachaumont, *Mémoires secrets...*, t. 3, p. 299, 20 déc. 1767.
Bachaumont commet ici une double erreur : non seulement il orthographie
mal le nom de l'abbé Baudeau qui devait être cependant assez connu, mais
encore il attribue au docteur Quesnay la *Philosophie rurale* dont le
marquis de Mirabeau était l'auteur.

pour ne point entrer dans les détails, arrivons tout de suite à la doctrine proprement dite.

Le principe fondamental, c'est que l'agriculture seule est productive, car seule elle crée quelque chose.

Le commerce et l'industrie sont « stériles », parce que ces deux professions ne font que transformer ou déplacer les produits agricoles ; or, façonner, dépla cer ou créer sont des choses bien différentes. L'agriculture est donc la source de toutes les richesses, c'est elle qui fournit à la population ses subsistances, à l'industrie et au commerce ses matières premières. Cependant, les industriels et les commerçants ne sont pas inutiles, car ils évitent des frais aux agriculteurs qui n'ont plus besoin de rechercher une clientèle et des débouchés ; en un mot, ce sont des salariés payés par la nation pour accomplir certaines tâches.

Telle est l'idée dominante de la doctine de Quesnay ; c'est celle qui va diriger maintenant toute la politique économique. L'agriculture étant seule productive de richesses, donne seule un véritable revenu ; aussi une bonne politique doit tendre à l'extension maxima de ce que les physiocrates appellent le produit net, c'est-à-dire la portion de revenu qui reste au propriétaire après qu'il a restitué à la terre les capitaux nécessaires à son entretien. Pour arriver à ce produit net maximum, les physiocrates préconisèrent : la propriété individuelle ; la liberté économique sous toutes ses formes : liberté du commerce intérieur et extérieur, et surtout liberté du commerce des grains, liberté du commerce colonial, liberté de l'industrie, liberté du travail ; suppression des privilèges commerciaux, suppression des corporations. Ils condamnèrent l'esclavage, le servage, les lois somptuaires ; ils demandèrent la diffusion de l'instruction publique, la liberté de la presse, etc., etc... Le champ d'action des physiocrates était donc immense.

Enfin, cette politique économique était complétée par un système fiscal particulier qui fut l'écueil de la doctrine physiocratique.

Partant de cette idée que seule l'agriculture est productive et qu'elle donne seule un revenu disponible auquel on puisse toucher sans diminuer les sources productives de la richesse nationale, le docteur Quesnay en arrivait à cette conclusion. logique en soi, que l'agriculture seule doit payer l'impôt. Tout autre impôt serait funeste, car il se répercuterait finalement sur les propriétaires fonciers après avoir causé pour sa perception d'énormes frais inutiles. Mieux vaut donc imposer directement les propriétaires. L'impôt, ainsi établi, sera un impôt unique, direct et proportionnel au revenu net du sol.

N'admettant qu'un seul impôt direct, il va sans dire que les physiocrates se montraient hostiles aux impositions indirectes. Dupont de Nemours avait condensé cette idée dans une maxime ainsi conçue : « Impositions indirectes. pauvres paysans ; pauvres paysans, pauvre royaume ; pauvre royaume, pauvre souverain. »

Le groupe physiocratique. après des fortunes diverses, se disloqua peu à peu ; la plupart de ses membres étaient morts avant la Révolution ; seul, Dupont, continua pendant quelque temps à prêcher la doctrine. Envoyé à l'Assemblée nationale par le tiers-état de Nemours, il y eut, grâce à ses connaissances finan-

cières, une influence considérable et sut donner un
dernier triomphe à la doctrine physiocratique en faisant voter la suppression des impôts indirects.

A partir de la publication du *Tableau économique*
de Quesnay, en 1758, la doctrine physiocratique occupa
constamment l'attention publique. Voltaire, qui était
à ce moment à l'apogée de sa gloire, prit part à la
lutte ardente à laquelle cette doctrine donna lieu pendant plus de vingt années. L'impôt unique et le commerce des grains furent les principales sources des
grandes discussions de l'époque, et Voltaire écrira à ce
sujet ses meilleures pages économiques. Mais il sut
garder son indépendance en face de la doctrine nouvelle, et s'il lui décerna parfois de justes éloges, il sut
aussi lui adresser des critiques non moins méritées.
Critiques et éloges s'entrecroisent dans son œuvre.

Rechercher et grouper ces idées différentes, tel est
le but que nous poursuivrons dans la fin de cette étude,
où nous verrons Voltaire se faire successivement l'adversaire et le défenseur des physiocrates.

CHAPITRE II.

Voltaire adversaire des Physiocrates
L'Impôt unique.

———

La politique économique des Physiocrates, comme nous l'avons vu tout à l'heure, était dominée par un système fiscal tout nouveau qui comprenait un impôt unique, direct et proportionnel aux revenus nets des terres. Le commerce et l'industrie, considérés comme stériles, et n'accroissant en rien la richesse nationale, ne devaient supporter aucune imposition. Les propriétaires fonciers avaient donc seuls la grande faveur de contribuer aux charges publiques.

Après la chute du système de Law et sa liquidation désastreuse, la faveur publique sanctionna facilement une doctrine qui préconisait la prééminence des biens fonciers sur toute autre richesse. Elle la sanctionna d'autant plus volontiers que les physiocrates montrèrent toujours un ardent amour du bien public.

Cette théorie avait le tort de faire peser tout le fardeau des charges publiques sur une seule catégorie de contribuables : les propriétaires fonciers. Le bon sens de Voltaire, toujours en éveil, se trouva froissé

par une conséquence aussi arbitraire. Cependant, plus
de dix ans après l'apparition du *Tableau économique*
de Quesnay, il n'avait encore rien dit et semblait dans
son domaine de Ferney, indifférent aux discussions
économiques qui divisaient la France entière. Mais une
occasion se présenta, car il faut toujours une occasion
à la plume de Voltaire, et vint le faire sortir de son
mutisme.

Mercier de la Rivière, un des principaux membres
de l'école, venait de publier un ouvrage intitulé : « *De
l'Ordre naturel et essentiel des sociétés politiques* ». Il y
traitait longuement la question de l'impôt unique sur
le revenu net des terres et s'attachait à démontrer en
style pompeux que « la puissance législatrice et exécutrice » est co-propriétaire des terres et qu'elle doit, à
ce titre, avoir une part du produit net.

Cet ouvrage déplut particulièrement à Voltaire par
son titre prétentieux et aussi par son air de suffisance.
« M. le prince Galitzin, écrivait-il à Damilaville, me
« mande que le livre intitulé *l'Ordre essentiel*, est fort
« au-dessus de Montesquieu. N'est-ce pas le livre que
« vous m'aviez dit ne rien valoir du tout? Le titre
« m'en déplaît fort ! » (1) Il ne tarda pas d'ailleurs à
montrer son mécontentement d'une façon plus directe,
car quelques temps après il lançait *l'Homme aux quarante écus*, où il écrasait Mercier de la Rivière sous le
ridicule et accablait les physiocrates de sa fine ironie.

Bachaumont, dans ses *Mémoires*, se montre plutôt

---

(1) *Correspondance.* Beuchot, t. 64, p. 327. Lettre à Damilaville, 8 août
1767.

dur pour Voltaire à cette occasion : « *L'Homme aux*
« *quarante écus*, dit-il, est une nouvelle brochure de
« M. de Voltaire où il prétend démontrer d'abord l'absur-
« dité des faiseurs de projets qui voudraient n'établir
« qu'un impôt unique..... Il traite après différentes
« matières qu'il passe en revue avec assez peu d'habi-
« leté... Cette facétie n'est point amusante comme les
« autres, elle n'a ni grâce ni légèreté. Fréron, No-
« notte et tous les autres plastrons ordinaires des rail-
« leries et des injures de M. de Voltaire reparaissent
« encore sur la scène. Cela devient fastidieux jusqu'à
« la nausée (1). »

Il est permis d'envier la gloire d'un rival, mais non
d'être injuste à son égard. S'il est aujourd'hui un passage de Voltaire agréable à lire, c'est bien *L'Homme
aux quarante écus*. Evidemment, il y a de tout dans
ce pamphlet ; mais si nous écartons les passages indif-
férents à la question de l'impôt, il en reste encore un
apologue plein de saveur qui, pour être vieux de cent
quarante ans, n'a rien perdu de son à-propos.

« Il parut plusieurs édits de quelques personnes qui,
« se trouvant de loisir, gouvernent l'Etat au coin de
« leur feu. Le préambule de ces édits était que la
« puissance législatrice et exécutrice est née de droit
« divin co-propriétaire de ma terre et que je lui dois
« au moins la moitié de ce que je mange. L'énormité
« de l'estomac de la puissance législatrice et exécu-
« trice me fit faire un grand signe de croix. Que serait-
« ce si cette puissance qui préside à *l'ordre essentiel*

(1) Bachaumont, *Mémoires secrets*, t. 3, p. 340, 21 février 1768.

« *des sociétés* avait ma terre en entier ? L'un est encore
« plus divin que l'autre.

« Monsieur le contrôleur général sait que je ne
« payais en tout que douze livres ; que c'était un far-
« deau très pesant pour moi et que j'y aurais succombé
« si Dieu ne m'avait donné le génie de faire des paniers
« d'osier qui m'aidaient à supporter ma misère. Com-
« ment donc pourrai-je tout d'un coup donner au roi
« vingt écus ?

« Les nouveaux ministres disaient encore, dans leur
« préambule, qu'on ne doit taxer que les terres parce
« que tout vient de la terre, jusqu'à la pluie, et qu'il n'y
« a que les fruits de la terre qui doivent payer l'im-
« pôt.

« Un de leurs huissiers vint chez moi dans la der-
« nière guerre, il me demanda pour ma quote-part
« trois setiers de blé et un sac de fèves, le tout valant
« 20 écus, pour soutenir la guerre qu'on faisait et dont
« je n'ai jamais su la raison, ayant seulement entendu
« dire que dans cette guerre il n'y avait rien à gagner
« pour notre pays et beaucoup à perdre. Comme je
« n'avais alors ni blé, ni fèves, ni argent, la puissance
« législatrice et exécutrice me fit traîner en prison, et
« on fit la guerre comme on put. En sortant de mon
« cachot, n'ayant que la peau sur les os, je rencon-
« trai un homme joufflu et vermeil dans un carrosse à
« six chevaux, il avait six laquais et donnait à chacun
« d'eux pour gages le double de mon revenu. Son
« maître d'hôtel, aussi vermeil que lui, avait 2.000 fr.
« d'appointement et lui en volait 20.000. Sa maîtresse
« lui coûtait 40.000 écus en six mois. Je l'avais connu
« dans le temps qu'il était moins riche que moi ; il

« m'avoua pour me consoler qu'il jouissait de 400.000
« livres de rentes. — Vous en payez donc 200.000 à
« l'Etat, lui dis-je, pour soutenir la guerre avanta-
« geuse que nous avons, car moi je n'ai juste que
« 120 livres et il faut que j'en paie la moitié ? — Moi,
« dit-il, que je contribue aux besoins de l'Etat ? vous
« voulez rire, mon ami, j'ai hérité d'un oncle qui
« avait gagné huit millions à Cadix et à Surate ; je n'ai
« pas un pouce de terre ; tout mon bien est en con-
« trats, en billets sur la place : je ne dois rien à l'Etat ;
« c'est à vous de donner la moitié de votre subsis-
« tance, vous qui êtes un seigneur terrien. — Ne
« voyez-vous pas que si le ministre des finances exi-
« geait de moi quelques secours pour la patrie, il serait
« un imbécile qui ne saurait pas calculer, car tout
« vient de la terre : l'argent et les billets ne sont que
« gages d'échange, car au lieu de mettre sur une
« carte au pharaon cent setiers de blé, cent bœufs,
« mille moutons et deux cents sacs d'avoine, je joue
« des rouleaux d'or qui représentent ces denrées dégoû-
« tantes. Si après avoir mis l'impôt unique sur ces
« denrées, on venait encore me demander de l'argent,
« ne voyez-vous pas que ce serait un double emploi ?
« que ce serait demander deux fois la même chose ?
« Mon oncle vendit à Cadix pour deux millions de votre
« blé et pour deux millions d'étoffes fabriquées avec
« votre laine ; il gagna plus de cent pour cent dans ces
« deux affaires. Vous concevez bien que ce profit fut
« fait sur des terres déjà taxées ; ce que mon oncle
« achetait dix sous de vous, il le revendait 50 francs
« au Mexique et, tous comptes faits, il est revenu
« avec huit millions. Vous sentez bien qu'il serait d'une

« horrible injustice de lui redemander quelques oboles
« sur les dix sous qu'il vous donna. Si vingt neveux
« comme moi, dont les oncles auraient gagné dans le
« bon temps chacun huit millions au Mexique, à Buenos-
« Ayres, à Lima, à Surate ou à Pondichéry prêtaient
« seulement à l'Etat chacun 200.000 francs, dans les
« besoins urgents de la patrie, cela produirait 4 mil-
« lions : Quelle horreur ! Payez, mon ami, vous qui
« jouissez en paix d'un revenu clair et net de quarante
« écus : servez bien la patrie et venez quelquefois dîner
« avec ma livrée (1). »

C'est sous cette forme spirituelle, gaie et pleine de
fine ironie que Voltaire combattit les physiocrates, et
ce fut pour eux un redoutable adversaire. Dans ce
passage, Voltaire, non seulement raille les expressions
bizarres de Mercier de la Rivière, mais aussi il montre
l'illogisme d'un impôt unique sur le sol. Ceux qui ont
fait des fortunes, en spéculant sur les denrées agricoles,
et qui ont gagné beaucoup plus que le cultivateur qui
les a fait naître, ne devront donc rien payer? L'esprit si
droit de Voltaire ne peut pas se faire à cette conséquence. Il y a en France 20 millions d'habitants, nous
dit-il ; 130 millions d'arpents donnant un revenu moyen
de 30 francs ; 80 millions d'arpents seuls sont cultivés ;
à 30 francs de revenu chacun, cela fait un total de
2 milliards 400 millions. Ces 2 milliards, partagés entre
20 millions d'individus, font 40 écus pour chacun.
Donc, si les parts étaient égales, comme dans l'âge
d'or, chacun n'aurait que 40 écus. « Voilà à quoi se

---

(1) *L'Homme aux quarante écus*, Beuchot, t. 34, p. 9 et suiv.

« réduit tout le fracas de Paris et de Londres : 40
« écus » (1). Mais il faut supposer l'âge d'or, et nous en
sommes loin, malheureusement. Si chacun avait une
part proportionnelle de la terre, on comprendrait en
effet un impôt unique, parce que tout le monde serait
propriétaire. Mais, aujourd'hui, il y a beaucoup d'habitants qui n'ont que 10 écus de rentes, d'autres qui
n'en ont que 4 ou 5, et plus de 6 millions d'hommes
qui n'ont absolument rien (2). Voilà donc une première
injustice de cet impôt, c'est que les propriétaires seuls
devront payer, et que ceux qui auront des fortunes
mobilières ne paieront rien du tout. On verra des moines
qui possèdent des maisons superbes, édifiées avec des
aumônes, les louer fort cher et ne point payer d'impôts,
« par cette raison que les aumônes viennent des fruits
« de la terre et qu'elles ne doivent pas payer deux
« fois. (3) »

Une autre injustice de cet impôt unique provient
de ce que les commerçants, les industriels ne
paieront aucune taxe. La doctrine physiocratique
considérait le commerce comme stérile et ne donnant
aucun revenu net ; les commerçants ne sont que des
transformateurs, des dépositaires....., mais non des
producteurs. Ils ne paieront donc pas d'impôts. La
raison de Voltaire ne peut accepter cette idée : « J'aurai
« semé, dit-il, un champ de lin qui m'aurait rapporté
« 200 écus, et un gros manufacturier, qui aura gagné

---

(1) *Correspondance*, Beuchot, t. 65, p. 37. Lettre à d'Argental, 1ᵉʳ avril
1768.

(2) *L'Homme aux quarante écus*, Beuchot, t. 34, p. 15.

(3) Id., t. 34, p. 34.

« 200.000 écus en faisant convertir mon lin en den-
« telles, ne paiera rien. Ma terre paiera tout, parce que
« tout vient de la terre (1). » Et il ne peut s'empêcher de s'écrier : « Ah ! messieurs les spéculateurs,
« vous êtes injustes, et vous calculez mal (1). »

Voltaire avait pour lui l'opinion et le bon sens. Il le
sentait bien, et il multipliait les exemples qui faisaient
ressortir l'illogisme du système financier des physiocrates. Il en a émaillé ses œuvres et sa correspondance ;
nous ne pouvons point évidemment tout citer. C'est
ainsi qu'il écrit dans l'*Homme aux quarante écus* : « N'y
« a-t-il pas une prodigieuse injustice à me prendre la
« moitié de mon blé, de mon chanvre, de ma laine, de
« mes moutons…, et de n'exiger aucun secours de ceux
« qui auront acquis dix, vingt ou trente mille livres de
« rentes avec mon chanvre dont ils ont tissu de la toile,
« avec ma laine dont ils ont fabriqué des draps, avec
« mon blé qu'ils auront vendu plus cher qu'ils ne l'ont
« acheté. (2) »

Dans le *Dictionnaire philosophique*, nous relevons
encore ce passage plein de saveur : « Si par hasard
« l'homme agreste va dans la capitale, il suit avec des
« yeux étonnés une belle dame vêtue d'une robe de soie
« brochée d'or, traînée dans un carrosse magnifique
« par deux chevaux de pur sang, suivie de quatre laquais
« habillés d'un drap à 20 fr. l'aune. Il s'adresse à un de
« ces laquais de la belle dame, et il lui dit : « Monsei-
« gneur, où cette dame prend-elle tant d'argent pour une

---

(1) *Dict. phil.*, id. t. 30, p. 338, au mot « Impôt ».
(2) *L'Homme aux quarante écus*, id. t. 34, p. 25.

« aussi grande dépense ? ». « Mon ami, lui dit le laquais,
« le roi lui fait une pension de 40.000 livres. » « Hélas !
« dit le rustre, c'est mon village qui paie cette pension. »
« Oui, répond le laquais, mais la soie que tu as recueillie
« et que tu as vendue a servi à l'étoffe dont elle est
« habillée : mon drap est en partie de la laine de tes
« moutons ; mon boulanger a fait mon pain avec ton
« blé ; tu as vendu au marché les poulardes que nous
« mangeons. Ainsi la pension de Madame est revenue
« à toi et à tes camarades. (1) »

Voltaire était donc nettement hostile à l'impôt unique
des physiocrates. Il reconnaît la nécessité d'un impôt
foncier, mais le commerce et l'industrie doivent payer
une taxe au même titre que l'agriculture. Il faut que
« l'industrie opulente » secoure l'Etat ; le manufacturier qui achète les denrées du sol et les transforme
réalise un bénéfice. Ce bénéfice est acquis aux
dépens des laboureurs ; il est donc juste que ce manufacturier soit soumis à un impôt (2). C'est la même
idée qu'il exprimait plus tard dans une lettre à l'avocat
Dupont, le 14 février 1776 : « Un horloger qui emploie
« pour 30 sous d'acier et de cuivre formés dans la
« terre et qui, avec cent écus d'or venus du Pérou et
« cent écus de carats venus de Golconde, fait une
« montre de 60 louis, n'est-il pas plus en état de payer
« un petit impôt qu'un cultivateur dont le terrain lui
« rend trois épis pour un ? (3) »

Enfin, s'il fallait une dernière raison pour faire

---

(1) *Dict. phil.*, Beuchot, t. 30, d. 336, au mot « Impôt ».
(2) *L'Homme aux quarante écus*, id., t. 34, p. 22.
(3) *Correspondance*, id., t. 69, p. 519. Lettre à Dupont, 14 avril 1776.

rejeter cet impôt unique, c'est qu'il aurait une influence désastreuse sur l'accroissement de la population. Le cultivateur, accablé d'impôts, ne ferait plus d'enfants par crainte de ne pouvoir pas les nourrir avec ses maigres ressources, car « si la population double, il faut que le revenu de la terre double également ». Or, la production de la terre étant nécessairement limitée, le cultivateur se verra dans l'obligation de restreindre le nombre de ses enfants (1).

Toutes ces réflexions de Voltaire tendent au même but : démontrer l'injustice de l'impôt unique et il y est arrivé en mettant sous les yeux de son lecteur des raisonnements et des exemples pleins de bon sens. Il combat donc l'impôt unique et demande que les commerçants et les industriels soient, au point de vue fiscal, assimilés aux cultivateurs, parce que le commerce et l'industrie sont productifs au même titre que l'agriculture. On pourrait même se demander s'il n'était pas partisan d'un traitement encore plus favorable pour les agriculteurs, car il dit, quelques lignes plus loin, « qu'il est nécessaire et équitable que l'industrie raffinée du négociant paie plus que l'industrie grossière du laboureur (2). » Mais, malgré l'apparence trompeuse de cette citation, Voltaire ne se fait point le défenseur de l'improportionnalité de l'impôt. Il entend dire simplement que le négociant, réalisant des gains plus considérables que le cultivateur, devra, toute proportion gardée, payer davantage. N'oublions pas, en

---

(1) *L'Homme aux quarante écus*, Beuchot, t. 34, p. 22.
(2) Id., t. 34, p. 23.

effet, qu'il avait depuis longtemps déjà demandé la proportionnalité et le vote de l'impôt.

Pendant quelques années, après la publication de l'*Homme aux quarante écus*, Voltaire garda un silence presque complet sur ces questions ; de temps à autre, il se réveillait et lançait une pointe aux adeptes de la « Secte », mais ce n'était qu'un éclair vite dissipé.

En 1775, il reprit la parole. L'abbé Baudeau, directeur des *Nouvelles Ephémérides,* qui étaient à cette époque l'organe officiel des physiocrates, combattait dans son journal les impôts indirects et défendait l'impôt unique, conformément aux principes de l'école. Il prétendait démontrer que l'Etat perdait tous les ans 974 millions de livres par l'impôt seul du sel, du vin et du tabac ! L'abbé Baudeau demandait une réduction progressive des taxes indirectes parce que, d'après lui, en diminuant ces impôts de moitié, on augmenterait le rendement dans une proportion bien plus considérable. Voltaire répondit à l'abbé dans sa *Diatribe à l'auteur des Ephémérides* (1). Cette petite brochure, bien inoffensive, déplut au gouvernement ; un arrêt du conseil en ordonna la suppression, parce qu'elle était soi-disant scandaleuse, calomnieuse, contraire à la religion et à ses ministres. L'*Homme aux quarante écus* avait d'ailleurs subi le même sort, mais on ne sait pas au juste pourquoi ; Voltaire y attaquait les traitants et ce fut peut-être une vengeance de leur part.

Quoi qu'il en soit, Voltaire dans sa *Diatribe* réfute

---

(1) *Diatribe à l'auteur des Ephémérides*, Beuchot, t. 48, p. 102.

l'abbé Baudeau. Si nous perdons, dit-il, tous les ans 974 millions, que devient cette somme immense ? Sans doute, fait remarquer Voltaire, l'abbé Baudeau n'entend pas une perte réelle, mais il entend des productions, c'est-à-dire des biens réels évalués à cette somme que nous ferions croître sur notre territoire, si ces trois impôts ne nuisaient pas à sa fécondité. Il entend surtout une grande partie de cette somme égarée dans les poches des fermiers de l'Etat... En un mot, l'abbé Baudeau voudrait supprimer les intermédiaires, diminuer les impôts et cependant accroître le rendement. « C'est là, ce me semble, la pierre philo-« sophale de la finance ! (1) » répond Voltaire.

L'abbé Baudeau, à l'appui de sa thèse, citait un exemple. Pendant l'année 1774, un impôt considérable fut établi sur la marée fraîche, il n'en vint pendant le carême que 153 chariots. Turgot diminua l'impôt de moitié, et l'année suivante, il en vint 596 chariots. Le rendement de l'impôt avait donc été doublé. Il prétendait tirer parti de cet exemple et concluait en disant que le seul moyen d'enrichir le roi et l'Etat était de diminuer tous les impôts de consommation, et que le vrai moyen de tout perdre était de les augmenter. Il demandait enfin la réduction progressive de tous les impôts indirects jusqu'à leur suppression.

Voltaire, qui était partisan des impôts indirects, répondit à l'abbé : « Soit, mais reste à savoir comment « on s'y prendra sur des objets plus vastes et plus

<hr>

(1) *Diatribe à l'auteur des Ephémérides*, Beuchot, 48, p. 111.

« compliqués. Les machines qui réussissent en petit
« n'ont pas toujours les mêmes succès en grand ; les
« frottements s'y opposent. Et quels terribles frotte-
« ments que l'intérêt, l'envie et la calomnie (1). »

Après l'impôt unique, voilà donc son avis sur la
réduction systématique des impôts indirects jusqu'à
leur suppression. Est-ce donc que Voltaire se ferait le
défenseur des impôts indirects de l'ancien régime, de
cette multitude de taxes où les plus experts en la matière se perdent eux-mêmes ?

Non évidemment, et Voltaire sut prendre une juste
moyenne entre l'impôt unique des physiocrates et le
système compliqué de l'ancien régime.

Nous savons son opinion sur l'impôt unique ; quand
on dit à l'homme aux quarante écus qu'il n'y a point
d'impôt en Suisse, il s'écrie aussitôt : « Ah ! qu'on me
« fasse Suisse ! Le maudit impôt que l'impôt unique et
« inique qui m'a réduit à demander l'aumône (2). »

Et Voltaire se pose immédiatement cette question :
« Mais trois ou quatre cents impôts dont les noms
« même me sont impossibles à retenir et à prononcer
« sont-ils plus justes et plus honnêtes ? (3) » La réponse qu'il fera, pleine de bon sens et de justice, va
nous donner la note précise qui sera à l'abri de toute
critique : « Y a-t-il jamais eu un législateur qui, en
« fondant un Etat, ait imaginé de créer des conseillers
« du roi mesureurs de charbon, jaugeurs de vins,
« mouleurs de bois, langueyeurs de porc, contrôleurs

(1) *Diatribe à l'auteur des Ephémérides*, t. 48, p 113.
(2) *L'Homme aux quarante écus*, Beuchot, t. 34, p. 31.
(3) Id., t. 34, p. 32.

« de beurre salé ? d'entretenir une armée de faquins,
« deux fois plus nombreuse que celle d'Alexandre,
« commandée par soixante généraux qui mettent le
« pays à contribution, qui remportent des victoires
« signalées tous les jours, qui font des prisonniers et
« qui quelquefois les sacrifient en l'air ou sur un petit
« théâtre en planches, comme faisaient les anciens
« Scythes, à ce que me disait mon curé ? (1) »

Voilà fait, on ne peut plus ironiquement, le procès de
cette législation si touffue de l'ancien régime. Mais
Voltaire continue : « Une telle législation contre la-
« quelle tant de cris s'élevaient et qui faisait verser
« tant de larmes, valait-elle mieux que celle qui m'ôte
« tout d'un coup, nettement et paisiblement, la moitié
« de mon existence ? J'ai bien peur, qu'à bien comp-
« ter, on ne m'en prit en détail les trois quarts sous
« l'ancienne finance :

Iliacos intra muros peccatur et extra
Est modus in rebus.....
Caveas ne quid nimis.

Et pour que le lecteur ne torture point sa pensée, il
se donne lui-même la peine de traduire : « On a tort
« des deux côtés. Gardez le milieu en tout. Rien de
« trop (1). »

Voilà une sage conclusion de ce chapitre. Je ne
puis, après ces citations pleines de fine ironie, qu'admirer le bon sens de Voltaire. Tout commentaire n'ajou-

(1) *L'Homme aux quarante écus*, Beuchot, t. 34, p. 32.

terait rien de plus et enlèverait la saveur de cette
conclusion. Disons cependant que Voltaire a fait
preuve ici d'une merveilleuse clairvoyance. Pris entre
deux systèmes financiers bien différents : l'impôt
unique des physiocrates et la législation fiscale si
compliquée de notre ancienne monarchie, Voltaire,
avec son bon sens d'une étonnante précision, a vu tout
de suite le défaut de chacun d'eux ; et malgré que notre auteur ne soit pas un économiste, il sut cependant
toucher la vérité et se préserver des écarts systéma-
tiques dans lesquels tombèrent les vrais économistes.

CHAPITRE III.

Voltaire auxiliaire des physiocrates.

SECTION PREMIÈRE.

L'AGRICULTURE.

L'impôt unique était sans doute un des dogmes fondamentaux de la politique économique des physiocrates, mais à côté de lui, bon nombre de questions, non moins importantes, attirèrent l'attention publique et donnèrent lieu à de vives discussions. Voltaire là encore voulut prendre part à la lutte et donner son avis. Il le fit avec la même finesse et la même clairvoyance, mais il se montrera désormais, contrairement à ce que nous avons vu jusque-là, un puissant auxiliaire des physiocrates.

Prenant le contre-pied de la politique mercantiliste, les physiocrates mettaient l'agriculture à la base de leur doctrine et en faisaient le centre de l'activité

sociale. Mélon, le grand maître de Voltaire, avait déjà
soutenu cette idée dans son *Essai politique sur le commerce* : « L'agriculture, disait-il, doit être chez nous le
« premier objet du commerce (1). » Quant à Voltaire,
s'il ne rechercha pas, comme son devancier, à établir
d'une façon doctrinale la suprématie de l'agriculture,
son amour constant et souvent répété de la campagne
prouve autre chose que l'affection sentimentale d'un
poète pour les beautés de la nature.

A son retour de Berlin, Voltaire se sachant mal en
cour et désespérant de pouvoir rester à Paris, s'installa aux Délices, près de Genève, en 1755, et quelque
temps après, à Ferney, dans le pays de Gex. Dans son
nouveau domaine, Voltaire mènera de front, comme
toujours, des occupations multiples, mais désormais
il en aura une de plus : se prenant d'affection pour sa
terre, il se fait agriculteur. Désormais, il ne cessera
pas de vanter les charmes de la campagne et les bienfaits de l'agriculture.

Connaissant le caractère de Voltaire, on pourrait
croire tout d'abord à une ruse de sa part : ne pouvant
revenir à Paris, il faut bien se contenter de ce qu'on a
et faire contre mauvaise fortune bon cœur. Mais non ;
et si par hasard cette pensée vient à l'esprit, il faut
immédiatement l'écarter, car Voltaire, pendant les
vingt-trois années qu'il passera à la campagne, n'aura
pas une défaillance, et le ton de conviction qu'il mit
constamment dans ses écrits pour vanter l'agriculture

---

(1) Mélon, *Essai politique sur le commerce*, éd. 1761, chap. 21, p. 343.

nous prouve suffisamment qu'il fut pour elle un ami et un défenseur aussi zélé que convaincu.

Dès 1759, il écrivait à Mme de Fontaines, sa nièce : « Continuez, aimez la campagne, ma chère nièce, c'est « vie de patriarche. Aimez votre terre ; plus vous la « travaillerez, plus vous vous y plairez. Je vous plains « seulement d'être trop grande dame et de recevoir le « produit des terres des autres sans vous donner le « plaisir de l'agriculture. Le blé qu'on a semé vaut mieux « que celui qu'on recueille des moissons d'autrui. » Et Voltaire ajoute avec naïveté : « Je vais me servir de « mon beau semoir à cinq tuyaux, et cette pièce de « menuiserie me fait plus de plaisir que des pièces de « théâtre (1). »

Quelques jours après, il disait encore : « La culture « des champs est plus douce que celle des lettres..... « Les académies de Cérès et de Pomone valent bien les « autres », et répétant les vers de Virgile il ajoutait :

Fe'ix qui potuit rerum cognoscere causas
Fortunatos et ille deos qui novit agrestes. (2)

Nous voudrions montrer, aussi brièvement que possible, cette constance dans son amour pour la campagne.

En 1760, M. d'Argental l'invitait dans une lettre à revenir à Paris. Voltaire aussitôt lui répond qu'il « ne « sera pas assez fou pour quitter sa charmante retraite...

(1) Correspondance, Beuchot, t. 58, p. 145. (Lettres à Mme de Fontaines, 1759.)

(2) Id., t. 58, p. 163. (Lettre à M. Clairault 27 août 1759.)

« que la vie frelatée de Paris n'approche pas de la vie
« pure, tranquille et doucement occupée qu'on mène
« à la campagne... que la pire démence est d'aller
« ramper ailleurs, quand on n'a personne au-dessus de
« soi dans le coin du monde qu'on habite (1). »

En 1767, dans l'épître dédicatoire des *Scythes,* tout
en développant la même idée, Voltaire se donne en
passant un petit éloge : « Il y avait autrefois en Perse
« un bon vieillard qui cultivait son jardin, car il faut
« finir par là..... Et ce vieillard n'écrivait ni sur la
« population, ni sur l'agriculture, comme on faisait
« par passe-temps à Babylone, ville qui tire son nom
« de Babil ; mais il avait défriché des terres incultes
« et triplé le nombre des habitants autour de sa
« cabane... (2) »

Plus va, plus Voltaire se prend d'affection pour son
pays de Gex, et il ne manqne aucune occasion de
vanter l'agriculture. N'oublions pas en effet le préambule de sa *Diatribe* à l'abbé Baudeau, qui lui valut
l'honneur de voir un arrêt du Conseil ordonner la
suppression de cet ouvrage. « Oui, monsieur, l'agri-
« culture est la base de tout... C'est ainsi que pensaient
« le premier des Catons dans Rome et le plus grand
« des Scipions à Linterne... » Et Voltaire nous fait une
longue apologie de l'agriculture. Il nous montre que la
religion elle-même n'était autrefois fondée que sur
l'agriculture. Toutes les fêtes, tous les rites en prove-
naient. Les premiers mystères inventés dans la plus

---

(1) *Correspondance,* Beuchot, t. 58, p. 384. (Lettre à d'Argental,
27 avril 1760.)

(2) *Les Scythes,* id., t. 8, p. 185. (Épître dédicatoire, 1767.)

haute antiquité étaient la célébration des travaux champêtres sous la protection d'un dieu suprême. Tels furent les mystères d'Isis, d'Orphée, de Cérès Eleusine... etc. (1) Et Voltaire, continuant son apologie, arrive à nos temps modernes. Au passage, il félicite Henri IV et Sully. « Ce fut alors, dit il, que ce roi, le « vainqueur et le père de ses sujets, ordonna qu'on ne « saisirait plus, sous quelque prétexte que ce fût, les « bestiaux des laboureurs et les instruments de labou-« rage. (1) »

N'est-ce pas encore le patriarche de Ferney qui envoie de la semence au roi de Prusse, tellement il est heureux de la fertilité de ses terres, ce qui lui vaut une réponse de Frédéric II où, sur la question agricole, il semble ne le cédait en rien à son vieil ami de Ferney (2)? N'est-ce pas lui encore qui s'occupe de la maladie contagieuse du bétail et félicite un M. Bourgelat d'avoir écrit sur cette matière (3) ?

En un mot, Voltaire aima passionnément la campagne ; aussi ne faut-il pas s'étonner s'il demande pour l'agriculture des encouragements et des crédits. Il demande en particulier le défrichement des terres incultes qui sont en France ; l'Etat, dit-il, devrait faire lui-même ce défrichement ou bien donner des primes aux cultivateurs, car il faut encourager « les laboureurs qui exercent la première et la plus mépri-

---

(1) *Diatribe*, Beuchot, t. 48, p. 102, 103, 104.
(2) *Correspondance*, Beuchot, t. 69, p. 432. (Lettre de Frédéric II, 5 déc. 1775.)
(3) Id , t. 69, p. 222. (Lettre à M. Bourgelat, 18 mars 1775.)

sée des professions (1). » Voltaire s'indigne du mépris
qu'on affecte vis-à-vis de l'agriculture et de l'abandon
dans lequel on la laisse : « Par quelle fatalité dit-il,
« l'agriculture n'est-elle honorée qu'en Chine ?... Les
« cérémonies agricoles sont éclatantes... l'empereur
« accorde des récompenses et des honneurs... Devant
« cela que doivent faire nos souverains : admirer et
« rougir, mais surtout imiter (2). »

Enfin, à la suite des physiocrates, Voltaire s'occupa
d'une question plus spéciale : de la grande et de la
petite culture. Pour Quesnay, la grande culture était
caractérisée par l'emploi des chevaux. Quant à Voltaire,
la culture par les chevaux ne lui paraît pas supérieure
à celle par les bœufs. Il y a des compensations qui les
rendent parfaitement égales : « Le service des bœufs
« dit-il, est aussi profitable que celui des chevaux,
« parce que s'ils labourent moins vite, on les fait
« travailler plus de jours sans les excéder ; ils coûtent
« beaucoup moins à nourrir ; on ne les ferre point ;
« leurs harnais sont moins dispendieux ; on les revend
« ou bien on les engraisse... (3) »

Nous avons tenu à noter ce côté particulier du caractère de Voltaire, car s'il eut un ardent amour pour la
campagne, s'il s'intéressa aux questions agricoles, s'il
demanda le relèvement de l'agriculture, « mère de tous
les arts et de tous les biens », il ne tomba pas cependant dans l'erreur physiocratique qui consistait à

---

(1) *Lettres sur les Anglais*, Beuchot, t. 37, p. 154, (Lettre ix sur le Gouvernement).

(2) *Dict. phil.*, Beuchot, t. 26, p. 132-135, au mot « Agriculture ».

(3) Id., t. 26, p. 129, au mot « Agriculture ».

regarder l'agriculture comme seule productive :
« L'agriculture, disait-il, est la base de tout quoiqu'elle
ne fasse pas tout (1). »

Ce chapitre sur l'agriculture est pour ainsi dire un
préambule aux pages qui vont suivre. Voltaire, en
effet, malgré ses attaques contre l'impôt unique ne
garda pas rancune aux physiocrates. Il lisait avec assi-
duité les *Ephémérides* que lui envoyait l'abbé Baudeau
et prenait goût à cette lecture (2), et l'éloge qu'il vient
de faire de l'agriculture est une preuve qu'il était
parfois en conformité d'idées avec eux.

Ne soyons donc pas étonné si, dans un instant, nous
le voyons soutenir de sa chaude éloquence quelques-
unes des réformes sociales demandées par les physiocrates et devenir ainsi pour eux, un auxiliaire aussi
puissant qu'il avait été un adversaire redoutable dans
l'*Homme aux quarante écus.*

---

(1) *Diatribe à l'auteur des Ephémérides*, Beuchot, t. 48, p. 102.
(2) *Correspondance*, Beuchot, t. 69, p. 252. (Lettre a l'abbé Baudeau,
avril 1775.

SECTION II.

LE MINISTÈRE DE TURGOT.

————

Nous arrivons à la fin de la vie de Voltaire, et plus va, plus son activité va croissante. Malgré l'approche de ses 80 ans, il ne craint pas de se lancer dans la lutte économique de l'époque, et la voix du patriarche sera encore la plus écoutée, à cause du double respect que l'on doit à l'âge et au génie.

Dans ce dernier chapitre, nous allons voir Voltaire se faire le défenseur des physiocrates : liberté du commerce des grains, liberté du commerce des vins ; liberté du travail et suppression des corporations, maîtrises et jurandes ; suppression des corvées... autant de réformes qui furent sollicitées à la fois par Voltaire et par les physiocrates.

Nous disions au début de cette étude qu'il faut toujours une occasion à la plume de Voltaire : la cause occasionnelle fut ici le ministère de Turgot.

Les dernières idées économiques de Voltaire se rapportent, en effet, exclusivement au ministère de Turgot, août 1774 à mai 1776. Ce sont, pendant ces deux années, des éloges continuels adressés au ministre de Louis XVI ; mais dès que celui-ci, succombant aux intrigues ourdies contre lui, aura quitté le contrôle général, Voltaire gardera le silence le plus complet sur les questions économiques. Ce chapitre est donc exclusivement consacré à l'éloge et à la défense de Turgot.

Turgot faisait partie de l'école des physiocrates dont il était un des membres influents ; sa venue au ministère ne pouvait donc qu'effrayer ceux qui s'étaient montrés les adversaires de la « secte. » Voltaire, qui avait combattu les physiocrates, aurait dû, semble-t-il, paraître mécontent de cette nomination, et cependant, il écrivit aussitôt à son grand ami d'Argental : « Je suis « comme tout le monde. J'attends beaucoup de M. Tur- « got. Jamais homme n'est venu au ministère mieux « annoncé par la voix publique. Il est certain qu'il a « fait beaucoup de bien dans son intendance : *Quia* « *super pauca fuisti fidelis, super multa te consti-* « *tuam* (1). »

Turgot, en effet, qui s'était fait une grande réputation par son administration du Limousin, fut porté au pouvoir par l'opinion publique, et Voltaire, qui attendait beaucoup du nouveau ministre, ne fut point déçu dans ses espérances. A peine installé, il commença les grandes réformes que les physiocrates avaient si souvent réclamées. Parmi ces réformes, quatre intéressèrent Voltaire et trouvèrent en lui un ardent défenseur ; ce sont d'ailleurs les réformes les plus impor-

---

(1) *Correspondance*, Beuchot, t. 69, p. 68, (Lettre à d'Argental, 23 sept. 1774.)

tantes accomplies par le ministre de Louis XVI. Elles
se rapportent :

1° Au commerce intérieur des grains ;
2° A la suppression des corporations, maîtrises et
jurandes ;
3° A la suppression des corvées ;
4° Au commerce intérieur des vins.

I.

Du Commerce des Grains.

« Vers 1750, raconte Voltaire, la nation rassasiée de
« vers, de tragédies, de comédies, de romans, d'opéras,
« d'histoires romanesques, de réflexions morales plus
« romanesques encore et de disputes sur la grâce et
« les convulsions, se mit à raisonner sur les blés. On
« oublia même les vignes pour ne parler que de fro-
« ment et de seigle....: Des gens de beaucoup d'esprit
« et d'une bonne volonté, sans intérêt, avaient écrit
« avec autant de sagacité que de courage en faveur de
« la liberté illimitée du commerce des grains. Des gens
« qui avaient autant d'esprit et des vues aussi pures
« écrivirent dans l'idée de limiter cette liberté (1). »
Toute la seconde moitié du XVIII° siècle est en effet

(1) *Dict. phil.*, Beuchot, t. 27, p. 389, au mot « Blé ».

occupée par des discussions à perte de vue sur le com-. merce des grains. C'était une question à la mode, et tous ceux qui s'intéressaient un peu aux questions agricoles, et d'une façon plus générale à l'économie politique, se crurent obligés d'écrire sur ce sujet. Aussi avons-nous une littérature considérable sur le com- merce des grains au xviiie siècle. Quelle était donc la cause de cet engouement ?

La question du commerce des grains, et plus spé- cialement du commerce des blés, était une question vitale sous l'ancien régime. A cette époque, en effet, la disette était le grand danger des gouvernements, et bien des fois la famine dévasta le royaume, parce que les blés venaient à manquer. Tous les économistes avaient cherché le remède à cet inconvénient, et cha- cun d'eux prétendait l'avoir trouvé. Parmi tous les systèmes invoqués, il en est deux qui doivent retenir notre attention, parce qu'ils sont les plus célèbres.

Le premier nous venait des mercantilistes et pré- tendait éviter la disette en défendant l'exportation des blés et en entravant leur circulation à l'intérieur du royaume : les blés ne pouvaient point circuler d'une province à une autre, et le paysan ne pouvait vendre sa récolte qu'à des jours et lieux déterminés. La consé- quence de ce système, qui fonctionna si longtemps sous notre ancien régime, fut tout autre qu'on ne la pré- voyait. Le paysan, entravé dans sa liberté, prit l'habi- tude de ne récolter que ce qui était nécessaire à sa subsistance et à celle de sa famille ; aussi vit-on des misères épouvantables les années où les récoltes furent mauvaises.

Le second système, préconisé par les physiocrates,

prétendait, au contraire, éviter cette même disette en
accordant la liberté complète du commerce intérieur
des grains. Il s'établira, disaient-ils avec raison, un
équilibre rapide dans la production, et le paysan,
assuré d'écouler ses récoltes, ne craindra plus d'ense-
mencer son champ. Les physiocrates réclamèrent
constamment la réforme de notre législation des
grains dans le sens de cette liberté complète, et ils trouvèrent sur ce terrain des auxiliaires dévoués comme
Morellet, Target et beaucoup d'autres, qui se firent une
réputation par l'éloquence avec laquelle ils surent
défendre leurs idées.

Déjà, en 1763, et grâce, en partie, aux menées des
physiocrates, un édit avait accordé la libre circulation
des grains à l'intérieur du royaume. Malheureusement, cet édit avait été annulé de fait sous le ministère
de l'abbé Terray par le renouvellement d'anciens
règlements. Mais lorsque Turgot arriva au pouvoir,
son premier acte fut de remettre en vigueur l'ancien
édit de 1763. Turgot, en effet, fut appelé au contrôle
général en août 1774 et le 12 septembre suivant un
arrêt du Conseil d'Etat accordait la réforme si souvent
demandée. Le nouvel édit donnait l'entière liberté du
commerce des grains à l'intérieur, il promettait en
outre des marques de la protection spéciale du roi à
ceux qui introduiraient des blés étrangers en France.

Quant à la liberté d'exportation, Turgot n'osa pas
l'accorder par le même édit, mais il la montrait en
perspective.

Les physiocrates voyaient donc un de leurs désirs
se réaliser.

Néanmoins, cette liberté, qui nous semble aujourd'hui si naturelle, trouva de nombreux contradicteurs : Necker, Linguet et bien d'autres s'en firent les adversaires acharnés.

Voltaire, qui avait eu des rapports avec Turgot lorsqu'il était intendant du Limousin et qui se félicitait de sa nomination au ministère, ne tarda pas, aussitôt ce premier édit, à prendre la défense du ministre et à l'encourager dans ses réformes.

Voltaire, qui s'était fait dans le *Siècle de Louis XIV* le panégyriste de Colbert, ne craint pas de mettre Turgot bien au-dessus de son prédécesseur. Il ne peut pas trouver de termes assez flatteurs à adresser au ministre de Louis XVI, et Bachaumont, dans ses *Mémoires*, qualifie de « retours fastidieux » ces éloges continuels adressés à Turgot (1).

L'édit du 12 septembre 1774 établissait une double réforme ; non seulement, il donnait la liberté commerciale jusqu'alors méconnue, mais il était précédé d'un exposé des motifs expliquant clairement au peuple la raison d'être de cet édit.

Les physiocrates, en effet, avaient toujours sollicité cette réforme ; ils avaient toujours demandé que les édits soient précédés d'un préambule expliquant aussi clairement que possible les motifs de la nouvelle législation. Or, pour la première fois, cet édit du 12 septembre accomplissait la réforme demandée. Voltaire se félicite de cette nouveauté et il admire « l'éloquence sage, convenable et nouvelle avec laquelle on

---

(1) Bachaumont, *Mémoires*, t. 9, p. 170, 22 juil. 1776.

fait parler le roi » (1). Puis, se mettant dans la personne d'un paysan qui est occupé à lire l'édit, il
ajoute : « Comment, il y a soixante ans que je lis des
« édits, ils nous dépouillaient presque tous de la liberté
« naturelle en style inintelligible, et en voici un qui
« nous rend notre liberté et j'en entends tous les mots
« sans peine ! Voilà la première fois chez nous qu'un
« roi a raisonné avec son peuple ; l'humanité tenait la
« plume et le roi a signé. Cela donne envie de vivre,
« je ne m'en souciais guère auparavant. Mais surtout
« que ce roi et son ministre vivent ! » (2).

Après avoir ainsi apprécié la forme nouvelle de l'édit,
Voltaire aborde le fond. Pour mieux montrer les avantages de la nouvelle législation, pour mieux faire
ressortir la valeur de la réforme accomplie, il nous
fait un tableau saisissant de l'ancien état de choses. Il nous montre les seigneurs, les artisans, les
laboureurs obligés d'aller vendre ou acheter leur blé
dans une ville souvent très éloignée... il nous montre
les dures pénalités auxquelles on était irrémédiable-
ment soumis si on contrevenait à ces dispositions :
amendes, confiscation du blé, de la voiture et des chevaux, et tout cela « au profit de ceux qui venaient exercer cette rapine avec une bandoulière » (3). Il nous
montre l'indélicatesse et la brutalité de ces agents qui
ne craignaient pas d'inventer des contraventions quand

---

(1) *Petit écrit sur l'arrêt du Conseil du 13 sept. 1774*, Beuchot, t. 48,
p. 83.

(2) *Diatribe à l'auteur des Ephémérides*, Beuchot, t. 48, p. 115.

(3) *Petit écrit sur l'arrêt du Conseil du 13 sept. 1774*, Beuchot, t. 48,
p. 82-83.

ils n'en trouvaient pas « ... je ne parle pas, dit-il, des « autres abus attachés à cette effroyable police ; des « horreurs commises par des valets de bourreau ambu- » lants, intéressés à trouver des contraventions ou à en « forger » (1). Le résultat de cette législation, c'était des querelles parfois sanglantes, la prison, la ruine, la dépopulation.

La nouvelle législation est donc bien supérieure à l'ancienne ; non-seulement elle fait disparaître tous les abus, mais encore elle est plus conforme aux vrais principes économiques. Le blé, en effet, est une denrée de première nécessité. Il faut donc en faciliter la circulation. A ce sujet, nous nous permettons de donner une citation, peut-être un peu longue, mais dans laquelle Voltaire, avec son ironie spirituelle, avec sa finesse habituelle, sait tout à la fois montrer le ridicule de l'ancien système et les avantages du nouveau :

« Un jour, un greffier me dit : Allez-vous-en à trois « lieues payer chèrement au marché de mauvais blé. « Prenez des commis un acquit-à-caution et si vous le « perdez en chemin, le premier sbire qui vous ren- « contrera sera en droit de saisir votre voiture, vos « chevaux, votre femme, votre personne, vos enfants.

« Si vous faites quelques difficultés sur cette propo- « sition, sachez qu'à vingt lieues il est un coupe-gorge « qu'on appelle juridiction ; on vous y traînera, vous « serez condamné à marcher à pied juqu'à Toulon où « vous pourrez labourer à loisir la mer Méditerranée.

(1) *Petit écrit sur l'arrêt du Conseil du 13 sept. 1774*, Beuchot, t. 48, p. 82-83.

« Je pris tout d'abord ce discours instructif pour
« une froide raillerie. C'était pourtant la vérité pure.
« Quoi! dis-je, j'aurais rassemblé des colons pour cultiver
« avec moi la terre et je ne pourrai acheter librement
« du blé pour les nourrir eux et ma famille? et je ne
« pourrai en vendre à mon voisin quand j'en aurais
« de superflu ? — Non, il faut que vous et vos voisins
« creviez vos chevaux pour courir pendant six lieues ?
« — Et! dites moi, je vous prie, j'ai des pommes de
« terre et des châtaignes avec lesquelles on fait du
« pain excellent pour ceux qui ont un bon estomac,
« ne puis-je pas en vendre à mon voisin sans que
« ce coupe-gorge dont vous m'avez parlé m'envoie
« aux galères ? Oui. — Pourquoi, s'il vous plaît cette
« énorme différence entre mes châtaignes et mon
« blé ? — Je n'en sais rien ; c'est peut-être parce que
« les charensons mangent le blé et ne mangent point
« les châtaignes. — Voilà une très mauvaise raison.
« — Hé bien ! si vous en voulez une meilleure, c'est
« que le blé est d'une nécessité première et que les
« châtaignes ne sont que d'une seconde nécessité. —
« Cette raison est encore plus mauvaise : plus une
« denrée est nécessaire, plus le commerce en doit être
« facile ; si on vendait le feu et l'eau, il devrait être
« permis de les importer et de les exporter d'un bout
« de la France à l'autre (1). »
Voltaire était donc un partisan bien convaincu de
la liberté du commerce des grains, et cet édit du 12
septembre en particulier lui fait jeter des cris d'en-

---

(1) *Diatribe à l'auteur des Ephémérides*, Beuchot, t. 48, p. 113.

thousiasme. A partir de cette date, sa correspondance
est émaillée de passages élogieux à l'adresse de Turgot :
« Ah ! mon cher ange, écrivait-il à son ami d'Argental, ce
« M. Turgot-là est un homme bien supérieur, et s'il ne
« fait pas de la France le royaume le plus florissant de
« la terre, je serai bien attrapé... J'ai la plus grande
« envie de vivre pour voir les fruits de son ministère (1).»
Et quelques mois après, il écrivait au ministre lui-
même : « Je bénis en m'éveillant et en m'endormant
M. de Sulli-Turgot (2). »

Si Voltaire encourageait chaleureusement les réformes habiles d'un ministre, tout le monde n'avait pas
son bon sens. L'édit du 12 septembre, malgré sa logique et son bien-fondé, trouva des détracteurs. Necker
et Linguet sont parmi les plus connus. Leurs écrits
attirèrent l'attention de Voltaire et le patriarche de
Ferney, qui se montra tout à l'heure le partisan si
déclaré de cette liberté du commerce des grains, va
maintenant prendre sa défense contre ceux qui la
combattent.

Linguet, qui était un adversaire bien connu des
physiocrates, venait de lancer un petit écrit (3) dans
lequel il cherchait à démontrer que la liberté du commerce des grains était nuisible. Voltaire lui répond
en le suivant pied à pied dans ses discussions. Il nous
montre tout d'abord que cette liberté existe dans les

---

(1) *Correspondance*, Beuchot. t. 69, p. 296. (Lettre à d'Argental, juillet
1775).

(2) Id., t. 69, p. 457. (Lettre à Turgot, 22 déc. 1775).

(3) **Linguet**, *Annales de politique et de littérature*, 15 déc. 1774,
p. 230-236.

principaux Etats et qu'elle est, pour ainsi dire, une loi naturelle, « c'est une loi générale de la police de tous les Etats de se procurer son nécessaire où l'on veut (1). » Linguet se plaignait de la suppression des marchés où le paysan allait vendre son blé, et Voltaire de lui répondre : « Les marchés, comme les foires, « n'ont été inventés que pour la commodité du public « et non pour son asservissement : les hommes ne « sont pas faits assurément pour les foires, mais les « foires sont faites pour les hommes (1). » — D'ailleurs, ces marchés ne sont pas supprimés ; parce qu'on a donné la liberté commerciale, parce qu'on a permis au cultivateur de vendre son blé là où il trouvera un acquéreur, on n'a pas pour cela supprimé les marchés et le paysan sera toujours libre d'y aller quand bon lui semblera : « Dire que la liberté du commerce « anéantit les marchés publics, c'est dire que les « foires de Saint-Laurent et de Saint-Germain sont « supprimées à Paris, parce qu'il est permis de faire « des emplettes dans la rue Saint-Honoré ou la rue « Saint-Denis (1). »

Les marchés ne sont donc pas supprimés, mais on donnera au cultivateur une double facilité pour vendre sa récolte, car désormais s'il ne trouve pas d'acquéreur chez lui, il pourra conduire son blé au marché voisin. C'est donc pour lui un avantage.

Necker, lui aussi, s'était mis dans la mêlée, et le futur ministre, qui n'était encore que banquier à

---

(1) *Petit écrit sur l'arrêt du Conseil du 13 septembre 1774*, Beuchot, t. 48, p. 84.

Genève, avait écrit un traité intitulé : *De la législation et du commerce des grains*, 1775. Se faisant une réputation aux dépens de Turgot, il prétendait démontrer le mal fondé de la réforme nouvelle. Voltaire ne lui répondit point directement, mais il le traite avec un dédain qui n'a d'égal que son admiration pour Turgot. Le 8 mai 1775, il écrivait à M. de Vaines, qui était chef de bureau de Turgot : « Nous n'avons point encore ici « le fatras du génevois Necker contre le meilleur mi-« nistre que la France ait jamais eu. Necker se don-« nera bien garde de m'envoyer sa petite drôlerie. Il « sait assez que je ne suis pas de son avis... L'édit du « 12 septembre me paraît un chef-d'œuvre de la véri-« table éloquence et de la véritable sagesse... Si Nec-« ker pense mieux et écrit mieux, je crois dès ce « moment Necker le premier homme du monde, mais « jusqu'à présent je pense comme vous (1). »

Non-seulement il prenait la défense du ministre quand il était attaqué, mais dans sa nombreuse correspondance elle-même, il multipliait les arguments et les exemples en faveur de cet édit. C'est ainsi qu'il écrivit à l'abbé Morellet pour lui montrer les avantages pratiques du nouveau système et les résultats auxquels on est arrivé : « Je suis persuadé, disait-il, que nos « terres doubleront de prix dans un an. Elles com-« mencent déjà à valoir beaucoup plus qu'on ne les « estimait auparavant. Ce seul mot de liberté du

----

(1) *Correspondance*, Beuchot, t. 69, p. 280. (Lettre à M. de Vaines 8 mai 1775).

« commerce réveille toute industrie, anime l'espérance
« et rend la terre plus fertile (1). »

Voilà comment Voltaire juge cet édit du 12 septembre. Il lui reconnaît cependant quelques inconvénients : c'est ainsi que certains seigneurs perdront
leurs droits de halles ; mais ils sont peu nombreux
d'après lui et il termine, en disant avec raison, que le
bien de la nation doit passer avant celui de quelques
privilégiés (2).

Un autre inconvénient beaucoup plus grave :
c'est la possibilité du monopole. A une époque
où les disettes étaient fréquentes, où les « accapareurs »
s'enrichissaient de la famine publique, Voltaire craint
que cette liberté nouvelle ne soit pour les monopoleurs une facilité de plus donnée à leur triste exploita-
tion. Cependant, ce n'est pas une raison pour restreindre
cette liberté, car si le monopole est à craindre, il est
facile à réprimer : « On ne fait pas, dit-il, de grands
« amas de blé sans que cette manœuvre soit publique.
« On découvre plus aisément un monopoleur qu'un
« voleur de grand chemin ; le monopole est un vol
« public ; mais on ne défendra jamais aux particuliers
« d'aller aux spectacles ou aux églises avec de l'argent
« dans leur poche, sous prétexte que des coupeurs de
« bourses peuvent le leur prendre (3). »

Ces deux inconvénients n'en sont donc pas en réalité,
puisqu'il est facile de les éviter. Voltaire accepte dès

---

(1) *Correspondance*, t. 69, p. 461, (lettre à Morellet, 23 décembre 1775).

(2) *Petit écrit sur l'arrêt du Conseil du 13 septembre 1774*, Beuchot,
t. 48, p. 84.

(3) Id., t. 48, p. 86.

lors, sans réserve, l'édit du 12 septembre. Malheureusement, le hasard voulut que cette année même, il y eut de mauvaises récoltes. La hausse des blés s'en suivit. Des troubles éclatèrent au mois d'avril 1775 ; des bandes armées menacèrent Versailles, pillèrent les boulangeries et les minoteries, jetèrent dans la Seine les blés et les farines, et cela, dit Voltaire, « pour avoir de quoi manger (1). » Turgot ne céda pas à l'opinion soulevée contre lui ; il usa de toute son autorité et l'édit fut maintenu. Néanmoins, Turgot s'était créé des ennemis, ce qui faisait dire à Voltaire : « Ce ministre fera tant de bien qu'à la fin on conspirera contre lui (2). » L'avenir devait lui donner raison. Mais Turgot, méprisant les attaques dont il était l'objet, prit, au contraire, l'offensive contre ses adversaires. Au mois de janvier 1776, il proposa six édits nouveaux. Parmi eux, il en est trois qui intéressèrent particulièrement Voltaire et sur lesquels il manifesta son opinion, ce sont : l'édit supprimant les corvées, l'édit supprimant les corporations, maîtrises et jurandes, l'édit sur le commerce des vins.

II.

Les nouveaux édits : La Corvée.

A la fin de l'année 1775, le château de Ferney était en fête, et Voltaire avait convié tous les habitants de la

---

(1) *Diatribe à l'auteur des Ephémérides,* Beuchot, t. 48, p. 117.
(2) *Correspondance,* Beuchot, t. 70, p. 26, (lettre à M de Vaines, 26 avril 1776).

localité et des alentours à venir s'amuser. Les illumi-
nations, les réjouissances, les bals..., rien ne manquait. Parmi les nombreuses distractions offertes par
le châtelain figurait un concours de tir à l'arquebuse.
Les prix consistaient en médailles représentant Turgot gravé au burin, et Desnoireterres nous apprend
que ce fut Mme de Saint-Julien, une habituée du château, qui remporta le premier prix aux applaudisse-
ments des spectateurs (1).

Quelle était donc la cause de toutes ces réjouissances,
et pourquoi Voltaire avait-il tenu à distribuer ainsi
le portrait de Turgot ? C'est qu'on avait appris à Ferney
la venue prochaine des nouveaux édits dont nous parlions tout à l'heure, et le châtelain voulait leur faire
une fête anticipée.

Des réformes aussi profondes ne pouvaient point
se faire sans tâter l'opinion, aussi Voltaire, depuis le
mois d'août 1775, connaît les plans du ministre et il en
parle à qui veut l'entendre (2). Mais dès que ces édits
parurent, au mois de janvier 1776, ce furent des cris
d'enthousiasme, des explosions de joie dont le grand
âge de Voltaire ne diminue pas l'ardeur. Il écrivait le
11 janvier à M. de Vaines : « Il faut, monsieur, que je
« vous interrompe un instant. Il faut absolument que
« je vous dise, au nom de dix ou douze mille hommes,
« combien nous avons d'obligations à M. Turgot et à
« quel point son nom nous est cher et dans quelle

---

(1) Desnoireterres, *Voltaire et la société au XVIIIe siècle*, t. 8, p. 73.
(2) *Correspondance*, Beuchot. t. 69, p. 347-363. (Lettres à Faby, 31
août 1775, à Dupont, 10 sept 1775).

« ivresse de joie nage notre petite province... (1) »
Mais M. de Vaines n'est que le chef de bureau du
ministre, et Voltaire est si content, si enthousiasmé,
que deux jours après, le 13 janvier, il écrit à Turgot
lui-même : « Vous faites naître un beau siècle, lui
disait-il, dont je ne verrai que la première aurore.
J'entrevois de grands changements, et la France en
avait besoin en tout genre (2). »

Voilà comment Voltaire reçut les nouveaux édits ; il
nous est impossible de citer tous les passages où il
parle de Turgot, mais il est curieux de voir ce vieillard crier son admiration naïve et montrer un enthousiasme presque enfantin pour le ministre réformateur.

Néanmoins, il ne faudrait pas croire que Voltaire
accepte complètement les réformes accomplies. Il en
accepte le principe, mais il en discute parfois l'application.

C'est ce qui arriva pour l'édit sur les corvées.

La corvée consistait autrefois dans l'obligation imposée aux habitants de chaque localité de coopérer à la
construction des routes et à leur entretien. Cette obligation, en elle-même, n'a rien d'excessif lorsqu'elle est
maintenue comme nos prestations actuelles dans une
juste limite. Mais sous l'ancien régime, la raison faisait place à l'arbitraire. Les anciens corvéables, en
effet, s'absentaient pendant plusieurs jours, emmenant

---

(1) *Correspondance*, Beuchot, t. 69, p. 477. (Lettre à M. de Vaines, 11
janv. 1776).

(2) Id., t. 69, p. 481 (Lettre à Turgot, 13 janv. 1776).

avec eux leurs bœufs, leurs chevaux et leurs voitures
à plusieurs lieues de leurs domiciles. Tout en souf-
frait ; c'était du temps perdu et beaucoup d'argent
dépensé. De plus, la corvée n'était imposée qu'aux
roturiers ; ceux qui étaient exempts de la taille étaient
à plus forte raison dispensés de la corvée. Corvée au
roi, corvée au seigneur, les laboureurs n'étaient jamais
tranquilles, car des réquisitions venaient les détour-
ner de leurs travaux au moment le plus opportun (1).
L'opinion publique réclamait la suppression des corvées, èt Voltaire, qui était son porte-parole, ne se
gênait point pour critiquer cette ancienne institution.
Dans le courant de l'année 1775, il écrivait à l'abbé
Baudeau : « S'il y a jamais eu quelque chose de prouvé,
c'est la nécessité d'abolir pour jamais les corvées (2). »
Lorsque l'édit ordonnant leur suppression fut rendu, il
félicita Turgot de cette heureuse réforme, qu'il regar-
dait comme le « salut de la France », et écrivant à
ses amis, il se plaisait à montrer les inconvénients de
l'ancienne législation. « L'horreur des corvées, dit-il,
« consiste à faire venir de trois à quatre lieues, de pau-
« vres familles, sans leur donner ni nourriture ni
« salaire, et à leur faire perdre plusieurs journées
« entières qu'ils emploieraient utilement à cultiver
« leur héritage (3). »

Turgot, en supprimant les corvées, les avait rem-
placées par une contribution additionnelle aux ving-

---

(1) Batbie, *Turgot*, p. 329.
(2) *Correspondance*, Beuchot, t. 69, p. 252. (Lettre à l'abbé Baudeau,
avril 1775).
(3) Id., t. 69, p. 591. (Lettre à Dupont, 20 mars 1776).

tièmes. Voltaire, qui avait jusqu'alors partagé les vues du ministre, se permet maintenant de le critiquer et d'émettre un avis contraire.

Turgot, en effet, n'avait pas complètement raison ; car s'il était juste de supprimer les corvées, l'expérience a montré qu'une seule imposition était inefficace pour les remplacer. Quand la Révolution a supprimé plus tard la corvée, on a du même coup abandonné les travaux des chemins et ce ne fut qu'à partir de la loi de 1836, qui rétablissait les prestations en nature, que les travaux ont sérieusement recommencé (1).

Voltaire avait bien compris le vice du système de Turgot ; il prévoyait avec raison que l'Etat ne restituerait point sous forme de travaux publics la totalité de la perception. Aussi, avec sa clairvoyance habituelle, il préconise un système voisin de nos prestations actuelles et qui n'était qu'une transformation de l'ancienne corvée. Avec le système de Turgot, l'entretien des routes devait être donné à l'entreprise, mais Voltaire a peur des entrepreneurs qui sont en quelque sorte des monopoleurs ; il craint de trop gros bénéfices au détriment des campagnes. Dans une lettre à Dupont, où il lui fait part de cette crainte, il indique un système, qui est le sien, et qu'il croit préférable : Par une sorte de décentralisation, il remettait aux paroisses l'entretien des chemins. Chaque paroisse, disait-il, s'occupera de ses routes ; le paysan ne sera plus obligé de quitter son domicile, et travaillant chez lui et pour lui, les travaux seront

<hr>

(1) Léonce de Lavergne, *Les Economistes français du XVIII° siècle*, p. 261.

mieux faits. « Parce que le roi a donné la liberté, ce
« n'est pas une raison pour ne rien faire, dit-il. Il faut
« que le dernier paysan apprenne à aimer le bien public
« quand le roi donne l'exemple..... Un entrepreneur de
« tous les chemins de la paroisse voudra gagner beau-
« coup..... Chaque paroisse en travaillant séparément
« rendra le fardeau insensible », et un peu plus loin, il
ajoute encore : « Que chacun travaille sur son terri-
« toire, tous les ouvrages seront faits avec très peu de
« dépense (1). »

En remettant ainsi aux paroisses l'entretien des
routes, sans une administration supérieure qui puisse
les guider, Voltaire ne voyait pas qu'il rompait l'unité
de notre voirie, qu'il sacrifiait l'intérêt général à
l'intérêt de chaque paroisse. Il avait aperçu le vice du
système de Turgot, mais il ne s'était pas rendu compte
du défaut qui entachait le sien.

III.

Corporations, Maitrises, Jurandes.

La corvée avait été abolie, mais remplacée par une institution nouvelle ; les corporations furent, au contraire,
abolies purement et simplement. Voltaire ne pouvait
donc qu'apprécier cette suppression et il n'avait pas à
se prononcer sur une institution remplaçante.

---

(1) *Correspondance*, Beuchot, t. C9, p. 562. (Lettre à Dupont, 20 mars
1776).

Connaissant le caractère de Voltaire, on devine sans doute avec quelle joie il accueillit la nouvelle réforme, et cependant il reste muet sur cette question ; c'est à peine, en effet, s'il manifeste son opinion, et, dans ses lettres si nombreuses, s'il parle avec éloges des nouveaux édits, la question des corporations n'est jamais abordée. Serait-ce donc que Voltaire fut moins favorable à cette réforme ?

L'abbé Baudeau, qui était directeur des *Nouvelles Ephémérides*, avait pris l'habitude d'envoyer ce journal à Voltaire. Dans une lettre de remerciement au sujet de cet envoi, il lui disait : « Je ne puis assez « vous remercier, monsieur, de la bonté que vous avez « de me faire envoyer vos *Ephémérides*. Les vérités uti- « les y sont si clairement énoncées que j'y apprends « toujours quelque chose, quoique à mon âge on soit « d'ordinaire incapable d'apprendre..... Je suis bien « content de tout ce que vous dites sur les entraves des « artistes, sur les maîtrises, sur les jurandes (1). » Ceci se passait au mois d'avril 1775, c'est-à-dire bien long-temps avant l'édit de Turgot qui ne parut qu'en janvier 1776. L'abbé Baudeau, qui était un pur physiocrate, menait campagne dans son journal pour la suppression des corporations. Cette lettre de Voltaire nous montre donc suffisamment qu'il était du même avis que l'abbé.

D'ailleurs, Voltaire faisait encore mieux ; il mettait en pratique les instructions de l'abbé Baudeau. Dans

---

(1) *Correspondance*, Beuchot, t. 69, p. 252. (Lettre à l'abbé Baudeau, avril 1775.

la lettre que nous citions tout à l'heure, il ajoutait :
« J'ai sous les yeux un grand exemple de ce que peut
une liberté honnête et modérée en fait de commerce,
comme en fait d'agriculture.. .. (1) » Voltaire, en
effet, avait créé ce qu'il appelait avec orgueil sa « colonie de Ferney. » Il avait fait venir de France et de
l'étranger des ouvriers de toutes sortes et les avait ins-
tallés à Ferney. Ces « artistes » ne connurent ni maî-
trise, ni jurande, ni compagnonnage. Bachaumont nous
donne dans ses *Mémoires* une description de cette
intéressante colonie. « Il y a à Ferney une manufac-
« ture de montres qu'il (Voltaire) protège par son crédit
« et par son argent. En 1773, il est sorti de ce lieu
« 4.000 montres faisant un commerce d'environ 400.000
« livres..... Il y a 12 maîtres horlogers..... (2). »
Ailleurs, il nous fait un tableau du village de Ferney :
« Le village est composé d'environ 80 maisons, toutes
« très bien bâties. La plus vilaine en dehors, vaut
« mieux et est plus belle que la plus superbe de nos
« villages des environs de Paris. Il y a environ 800
« habitants ; trois ou quatre maisons de bons bour-
« geois ; les autres sont des horlogers, menuisiers,
« artisans de toute espèce. Sur ces 80 maisons, il y en
« a 60 au moins à M. de Voltaire. Il est certainement
« le créateur et le père de ce pays-là ; il y fait des
« biens immenses (3). »
  Voltaire, en effet, était bien le créateur de ce pays,

---

(1) *Correspondance*, Beuchot, t. 69, p. 252 (Lettre à l'abbé Baudeau,
avril 1775).
  (2) Bachaumont, *Mémoires*, t. 7, p. 282, 23 déc. 1774.
  (3) Id., t. 7, p. 295.

et on comprendra sans peine qu'il ne soit pas partisan des corporations quand ses horlogers arrivaient à vendre leurs produits sur le marché de Paris uu tiers meilleur marché que les autres. C'était une preuve irréfutable de ce que peut « une liberté honnête », pour employer son expression. Il le dit lui-même avec son style imagé : « ..... En peu d'années, un repaire « de 40 sauvages est devenu une petite ville opulente, « habitée par 1.200 personnes utiles, par des physi- « ciens de pratique, par des sages dont l'esprit occupe « les mains. Si on les avait assujettis aux lois ridicules « inventées pour opprimer les arts, ce serait encore « un désert infect habité par les ours des Alpes et du « Mont-Jura (1). »

Bien qu'il n'ait pas manifesté son opinion après l'édit de Turgot, c'est donc dire qu'il l'approuvait sans réserve.

IV.

Commerce des Vins.

Un dernier édit de Turgot attira enfin l'attention de Voltaire : ce fut l'édit sur la libre circulation des vins. Il s'agissait, par cet édit, de détruire des privilèges de villes. En effet, toutes les villes des pays producteurs avaient interdit l'accès de leur territoire à ce qu'on

---

(1) *Correspondance*, Beuchot, t. 69, p. 252. (Lettre à l'abbé Baudeau, avril 1775).

appelait alors les *vins étrangers*, c'est-à-dire récoltés
ailleurs que dans le pays (1). Lorsque l'édit ordonnant
la suppression de ce privilège fut rendu, Voltaire écrivit à M. de Vaines « qu'il faisait un beau pendant à
l'édit en faveur des blés (2). »

Cette liberté qu'on vient d'accorder paraît, en effet, si
naturelle à Voltaire qu'il s'étonne d'y trouver des
gens hostiles et, écrivant à M. de Vaines, il lui dira en
visant les conseillers du Parlement qui avaient blâmé
la réforme : « Toutes les nouvelles vérités sont mal
« reçues chez nous. On est fâché d'être obligé de
« retourner à l'école quand on se croit docteur. Enfin,
« monsieur, ces vins me paraissent avoir une force et
« une sève toute nouvelle. Je conseille à *Messieurs*
« d'en boire largement au lieu d'en dire du mal (3). »

Les autres édits de Turgot n'intéressèrent que faiblement Voltaire, et c'est à peine s'il les indique. Ils
étaient d'ailleurs de bien moindre importance. Mais
par le trop rapide aperçu que nous donnons du ministère de Turgot, on peut voir que Voltaire était un partisan convaincu des réformes du ministre ; on peut voir
également que le ministre lui-même ne trouva point
d'apologiste et de défenseur plus acharné.

Lorsque Turgot, succombant aux intrigues, dut se
retirer du ministère, sa chute fut accueillie avec joie
non seulement à la cour, mais à Paris et dans la nation

---

(1) Léonce de Lavergne, *Les Economistes du XVIII*ᵉ *siècle*, p. 268.
(2) *Correspondance*, Beuchot, t. 70, p. 40. (Lettre à M. de Vaines, 1776).
(3) Id., t. 70, p. 41. (Lettre à M. de Vaines, 1776).

entière. Mais Voltaire, du fond de sa province, lui
restera malgré tout fidèle, et ses lettres, qui étaient
jusqu'alors remplies d'éloges à l'adresse du ministre,
seront désormais pleines de désespoir et de deuil.
Aussitôt le départ de Turgot, il écrivit à M. de
Vaines : « Ah ! mon Dieu ! Monsieur, quelle funeste
« nouvelle j'apprends ! La France aurait été trop heu-
« reuse ! Je suis attéré et désespéré. Je ne vois plus
« que la mort devant moi depuis que M. Turgot est
« hors de place. Ce coup de foudre m'est tombé sur la
« cervelle et sur le cœur (1). » Et malgré ses quatre-
vingt-deux ans, ce vieillard trouve encore assez de
force et d'esprit pour adresser une épître au ministre
déchu :

> Philosophe indulgent, ministre citoyen,
> Qui ne cherches le vrai que pour faire le bien,
> Qui d'un peuple léger et trop ingrat peut-être
> Préparais le bonheur et celui de son maître, etc. (2).

Voltaire, en effet, est peut-être le seul homme de son
époque qui ait jugé Turgot dignement et selon son
mérite.

Mais ce qui désespère le plus Voltaire, c'est de prévoir l'effondrement de l'œuvre de Turgot : les corvées
et les corporations rétablies, la liberté du commerce

---

(1) *Correspondance*, Beuchot, t. 70, p. 47 (Lettre à M. de Vaines,
15 mai 1776).
(2) *Epître à un homme*, Beuchot, t. 13, p. 330, 1776.

des grains de nouveau sacrifiée..... « Je vois mon
« pauvre pays désolé, mes *Te Deum* tournés en *De Pro-*
« *fundis*, mes nouveaux bâtiments dispersés, cent
« maisons que j'ai bâties et qui vont être désertes ,
« tout cela tourne la cervelle et tue son homme sur-
« tout quand l'homme a quatre-vingt-deux ans (1). »
Désormais, il ne se mettra plus dans la mêlée. Désespéré de voir son ministre favori en disgrâce, il lais-
sera les événements se succéder et verra avec indif-
férence le ministre nouveau défaire l'œuvre de son
prédécesseur. De temps à autre cependant, il rappelle
le passé dans un cri de regret comme cette lettre à
M. Pomaret, où il dit : « J'avais de justes sujets d'es-
« pérance, Monsieur ; je voyais deux vrais philosophes
« dans le ministère. La tolérance était le premier de leur
« principe ; tous deux se sont retirés le même jour
« après avoir fait tout le bien qui avait dépendu d'eux
« en si peu de temps. »

Nimium vobis, ó Galla propago
Visa potens, superi, propria hæc si dona fuissint (2)

Ce cri de regret n'est qu'une exception. Ce n'est pas
cependant qu'il ait oublié Turgot, mais il n'a plus,
comme autrefois, l'occasion de parler de lui. Lorsqu'il
vint à Paris au début de l'année 1778 l'histoire raconte

---

(1) *Correspondance*, Beuchot, t. 70, p. 100. (Lettre à d'Argental, 3 août
1776).
(2 Id., t. 70, p. 86. (Lettre à Pomaret, 4 juillet 1776.

qu'il alla voir l'ancien ministre de Louis XVI ; le vieux patriarche lui saisissant les mains avec attendrissement s'écria ; « Laissez-moi baiser cette main qui a signé le salut du peuple. » Cet acte fut le dernier hommage rendu par Voltaire au ministre déchu ; ce fut aussi, si j'ose dire, la dernière manifestation de sa pensée économique, car il mourut quelques temps après, le 30 mai 1778.

CONCLUSION

Si nous jetons, en terminant, un coup d'œil sur cette étude, diverses considérations s'imposent à notre esprit, comme réflexions dernières.

Tout d'abord, devons-nous nous excuser de n'avoir pas su résister au plaisir de multiplier les citations de Voltaire ?

Le 23 décembre 1768, en parlant de Linguet, notre auteur écrivait à Dalembert : « ...Il n'entend pas « comme il faut, le secret de rendre les gens parfai-« tement ridicules. C'est un don de la nature qu'il « faut soigneusement cultiver ; d'ailleurs rien n'est « meilleur pour la santé. Si vous êtes enrhumé, servez-« vous de cette recette et vous vous en trouverez à « merveille (1). » Ce don de la nature, Voltaire le possédait au suprême degré. La raillerie fut son arme habituelle de combat et il la mania avec une virtuosité incomparable. Il est fatal, dans ces conditions, que l'on succombe à la tentation de reproduire textuellement les saillies d'un auteur aussi spirituel et aussi divertissant. Que l'on veuille bien, en

---

(1) *Correspondance*, Beuchot, t 65, p. 279, (Lettre à Dalembert, 23 déc. 1768).

outre, reconnaître que nous en avions le devoir.
La plupart du temps, en effet, les idées de Voltaire sont cachées sous de charmants apologues, et c'eût été perdre la saveur de ces petits chefs-d'œuvre d'esprit que de ne les point citer. L'analyse forcément insuffisante que nous en aurions donné n'aurait pas rendu avec tout son à-propos la pensée de l'auteur.

Une autre considération qui se dégage de ces pages, mais celle-ci d'un ordre différent, c'est que Voltaire fut au point de vue économique d'une indépendance doctrinale absolue.

Le hasard a voulu qu'il vit se succéder deux écoles économiques. Placé entre les deux, il ne prit parti ni pour l'une ni pour l'autre. On ne peut pas dire, en effet, qu'il fut un adepte du mercantilisme, car il fit une réfutation trop précise de cette doctrine ; il ne fut pas non plus un partisan de la doctrine des physiocrates, car il en combat les deux dogmes fondamentaux : l'impôt unique et l'improductivité du commerce.

Voltaire fut donc un indépendant qui se forgea non pas une théorie mais un ensemble d'idées personnelles. Sans doute, il resta fidèle à la conception économique qu'il s'était formée de 1734 à 1738 sous l'influence de Mélon, mais il ne suivit jamais aveuglément la doctrine du maître. S'il demeura, en effet, en communauté d'idées avec Mélon sur l'agriculture, le luxe, le commerce des grains... et bien d'autres questions, il sut cependant se montrer un disciple original et bien des fois il corrigea son maître. C'est ainsi qu'il condamna le servage et l'esclavage dont Mélon s'était fait le défenseur acharné ; c'est ainsi encore qu'il demanda non pas un adoucissement au régime des corporations (1), mais sa suppression, et qu'il se montra un adversaire du surhaussement des monnaies préconisé par son maître (2). Enfin n'eût-il pas aussi le grand honneur de dire que le travail était la source première de la richesse nationale?... Autant de corrections ou d'additions apportées par Voltaire à la doctrine de Mélon, qui sont la preuve certaine de son indépendance d'esprit.

Malgré le rapprochement qu'on peut établir entre ces deux auteurs et la filiation certaine qui existe entre leurs idées, on ne peut pas dire que Voltaire fut un économiste.

Ce titre, en effet, doit lui être refusé, car il n'étudia que très imparfaitement les questions économiques. Il n'y a pas chez lui de savant système comme chez Quesnay, il n'y a pas de théorèmes logiquement enchaînés comme chez Mercier de la Rivière ; nous ne trouvons aucun principe directeur permettant de relier les idées entre elles et d'en faire un système ; non, ce sont des apologues rapides, des idées jetées au hasard de la plume, des traits d'humeur décochés au passage...

Tout cela, sans doute, est intéressant à relever et à grouper, mais comme il n'y a pas de base d'appui à toutes ces idées, nous devons refuser à Voltaire l'épithète d' « économiste ». Mais cela n'enlève rien à l'importance des idées que nous avons exposées,

---

(1) Mélon, *Essai politique sur le commerce*, chap. 8, p. 102.
(2) Id., chap. 12, p. 166, chap. 17, p. 196, etc.

et surtout à l'influence énorme qu'elles exercèrent à cetie époque.

Voltaire n'est donc pas un économiste. Il fut le grand journaliste du xviiie siècle, donnant son avis en homme du monde, sur toutes les questions à la mode. Il faut d'ailleurs ajouter, à son honneur, que ces avis sont d'ordinaire exacts et judicieux. On se demande en effet, en lisant les passages économiques de Voltaire, ce qu'il faut le plus admirer, de son style si clair, si concis, si franc... si français, ou de son bon sens merveilleux qui sut toujours le guider dans les problèmes les plus ardus. Il ne se trompa presque jamais, et à une époque où l'imagination fantaisiste des économistes se donnait libre carrière, à une époque où les théories les plus diverses et les plus contradictoires se disputaient la faveur de l'opinion, Voltaire, sans culture économique, sut trouver le juste milieu que ces mêmes économistes n'arrivèrent pas à côtoyer.

TABLE DES MATIÈRES

DEUXIÈME PARTIE.

Voltaire et le Mercantilisme de l'école de Mélon.

CHAPITRE PREMIER.

CHAPITRE II.

TROISIÈME PARTIE.

Voltaire et les Physiocrates.

CHAPITRE PREMIER.

CHAPITRE II.

CHAPITRE III.